江西省社会科学规划"十四五"基金重点项目

"海昏侯刘贺墓出土青铜器整理与研究"（批准号：22WT62）

海昏文化丛书编委会

主　编：彭明瀚
副主编：范丽君
编　委：帅　飞　赵艺博　高芳斌
南昌汉代海昏侯国遗址博物馆

海昏文化丛书

# 吉金海昏

## 刘贺墓园出土青铜器

彭明瀚 著

江西人民出版社
全国百佳出版社

吉金海昏
刘贺墓园出土青铜器

| | |
|---|---|
| 161 | 第三章 青铜器专题研究 |
| 162 | 第一节 青铜编钟编列复原研究 |
| 195 | 第二节 青铜镜的考古学研究 |
| 215 | 第三节 青铜灯的考古学研究 |
| 241 | 第四节 青铜镇的考古学研究 |
| 260 | 第五节 青铜熏炉的考古学研究 |
| 279 | 后记 |

# 目录 / CONTENTS

- 001 前言
- 013 **第一章 青铜器的类型（上）**
  - 014 第一节 青铜容器
  - 069 第二节 青铜乐器
  - 076 第三节 青铜兵器
- 087 **第二章 青铜器的类型（下）**
  - 088 第一节 青铜杂器
  - 111 第二节 青铜度量衡器
  - 122 第三节 青铜车马器
  - 151 第四节 青铜明器

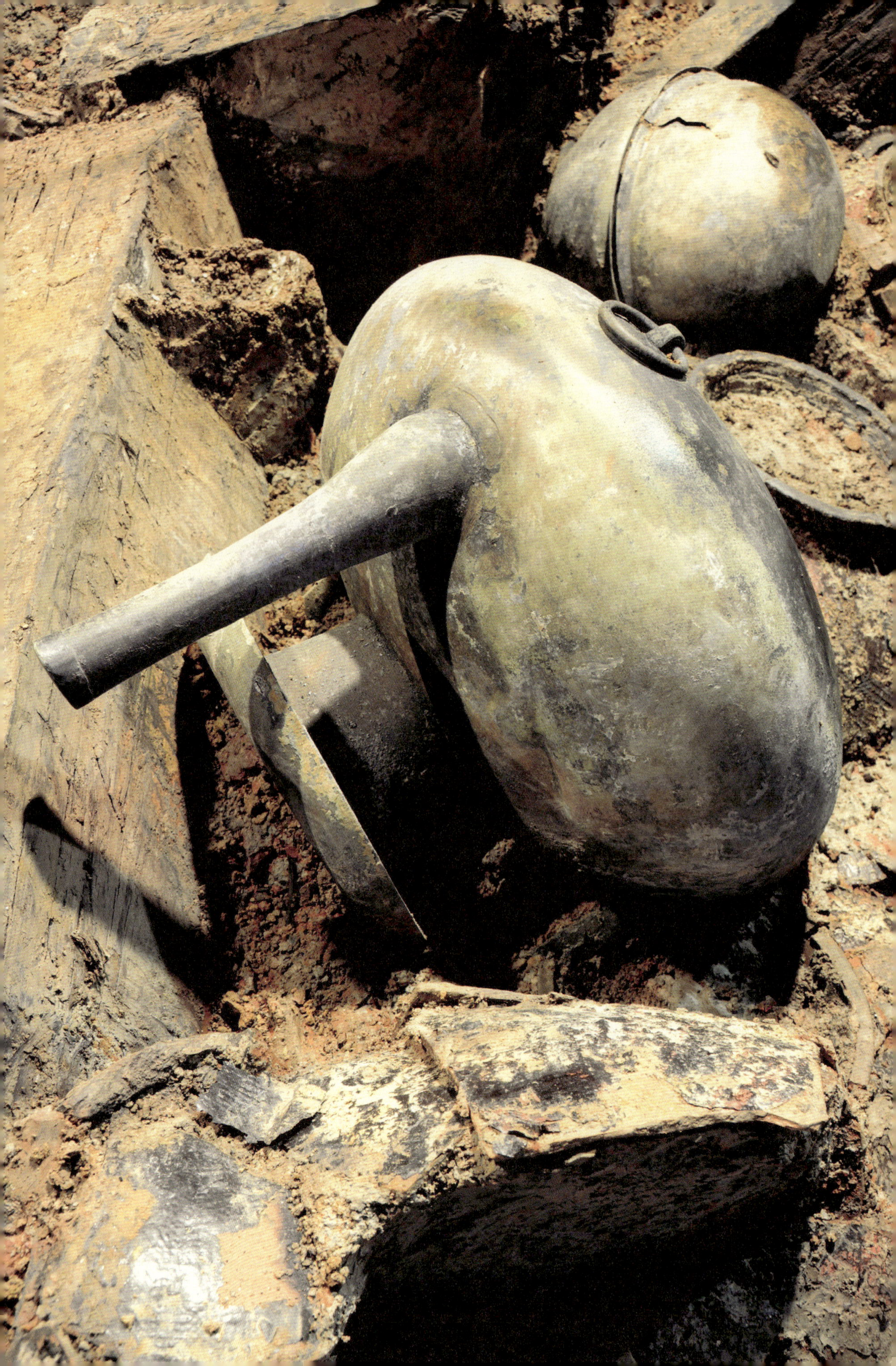

# 前言

江西省南昌市新建区大塘坪乡墎墩山海昏侯刘贺墓园，2011年开始考古发掘，共发掘外藏车马坑1座，刘贺夫妇墓及其祔葬墓5座，出土青铜器、金银器、玉器、漆器、竹木器、铁器、陶瓷器等文物5万多件(套)，其种类之多、数量之大、品质之精，为西汉王侯墓考古所仅见，堪称一部反映西汉鼎盛时期璀璨文化的百科全书，具有极高的历史价值、科学价值、艺术价值和时代价值。

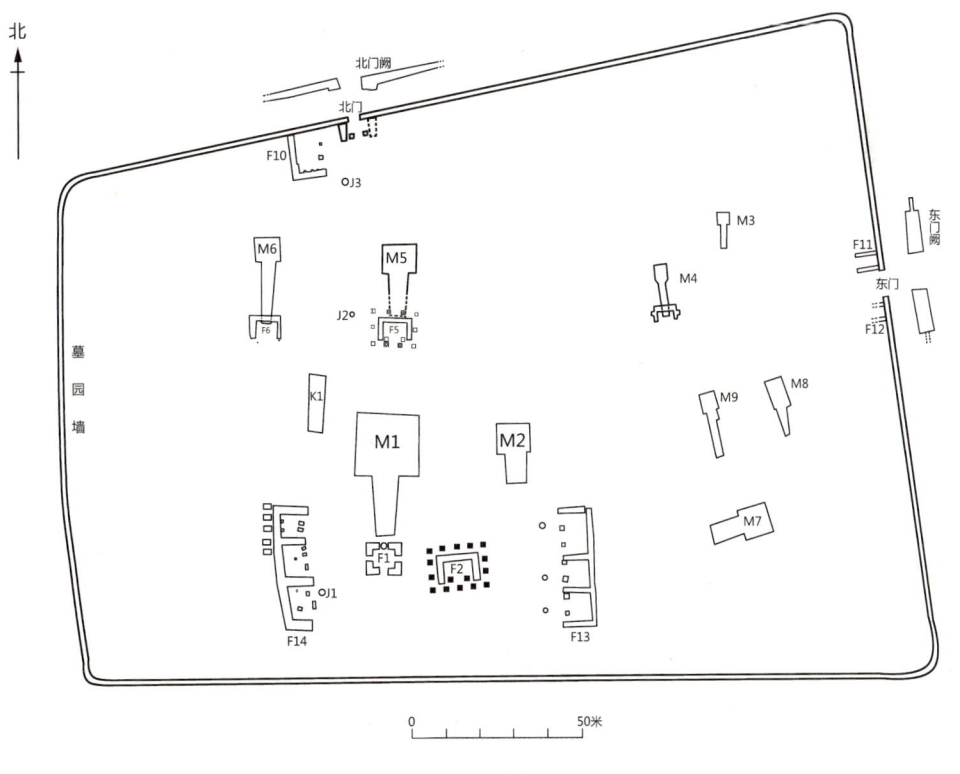

▲刘贺墓园平面分布示意图

一

西汉政府在豫章郡设立南昌、海昏等18个县，奠定了今日江西省行政区划的基本格局。海昏县位于潦河与修水两大水系之间，大致范围为：东至今天鄱阳湖区，北至今武宁县，南至今奉新县南界，西至今奉新县西界，相当于今天永修、武宁、靖安、安义和奉新5个县以及新建区北部、庐山市南部滨湖地区。元康三年（公元前63年）春，汉宣帝封刘贺为海昏侯，海昏县更名海昏侯国。刘贺自元康三年受封海昏侯，至神爵三年（公元前59年）去世，在海昏侯国生活了4年。刘贺去世后，汉宣帝下令废除海昏侯国。初元三年（公元前46年），也就是刘贺病逝13年后，汉宣帝的儿子汉元帝封刘贺儿子代宗为海昏侯，史称海昏釐侯，海昏侯国得以恢复。代宗死，子保世嗣位；原侯保世死，子会邑继立；王莽篡汉时，海昏侯国被废除，刘会邑沦落为平民。刘秀建立东汉，复兴刘氏天下，刘会邑复封为海昏侯，东汉中期班固写《汉书》时海昏侯国依然存在，是为数不多从西汉中后期起一直存留至东汉的刘氏侯国。从汉宣帝元康三年分封刘贺为海昏侯，到汉元帝复封刘代宗为海昏侯，史料记载名字、封号清楚的海昏侯爵位传承至少4代，约90年。东汉刘会邑以后，海昏侯家族的记载不具体，《后汉书·郡国志》"豫章郡"中记有"海昏侯国"，说明东汉时期海昏侯国存在了相当长一段时间。考古调查勘探表明，全国重点文物保护单位紫金城城址与铁河古墓群区域中的苏家山东汉墓园，面积约100000平方米，可以与《后汉书·郡国志》的有关记载相印证。

# 前 言

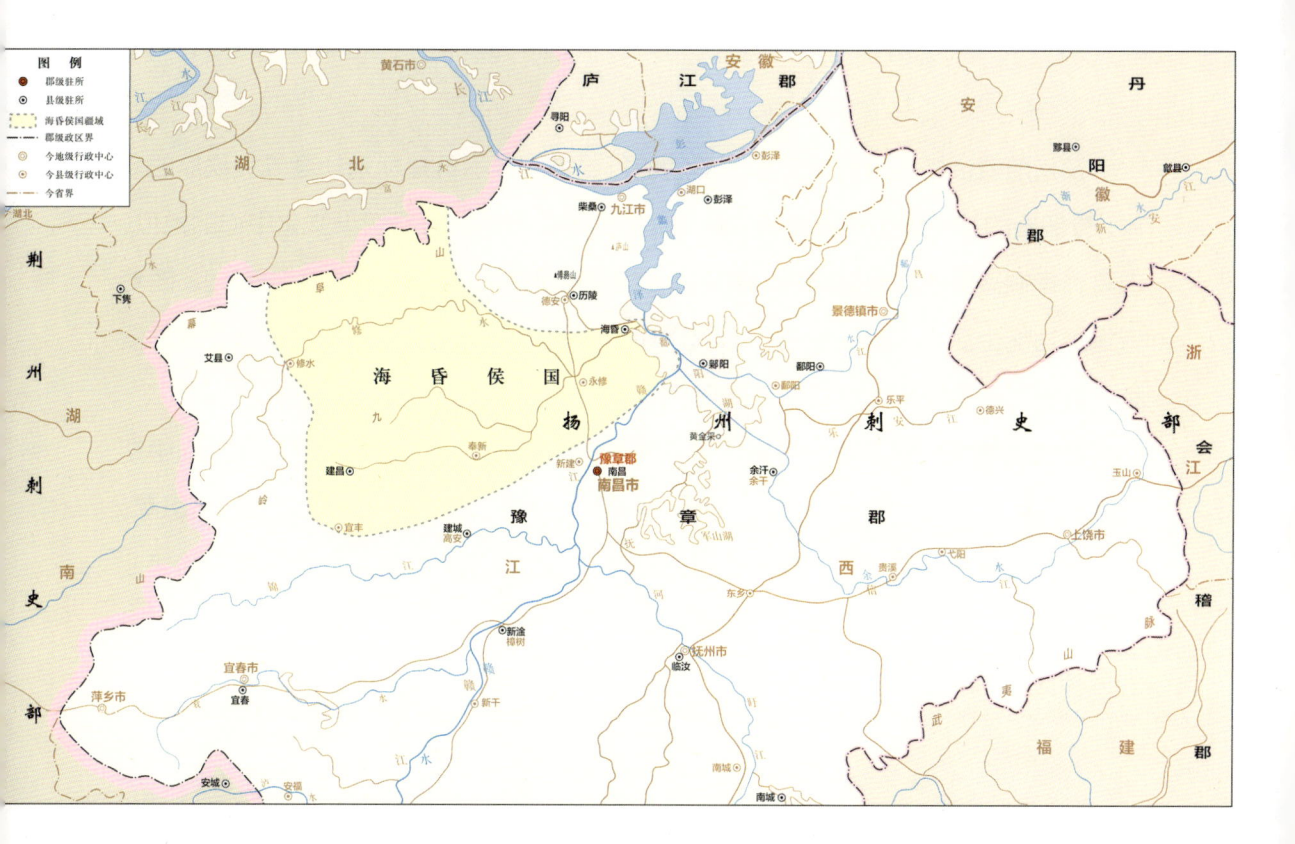

▲ 西汉海昏侯国辖区示意图

刘贺出身皇族，生于王室，是雄才大略的汉武帝刘彻之孙、第一代昌邑哀王刘髆的独子。刘贺一生富有传奇色彩，人生大起大落，先后经历了诸侯王（封地包括昌邑等6个县）、天子（在位27天）、故昌邑王（食汤沐邑2000户）、列侯（食邑4000户，后减至1000户）4种身份，是中国历史上唯一集"天子、王、侯"身份于一身者，被废黜后不但没有遭到诛杀，还因受到上官皇太后的庇护而过着富足的家庭生活，15年后在列侯任上病故，是秦代确立皇帝制度以来唯一失去帝位而又善终者。

## 二

汉代随着冶铁技术的进步和漆器的流行，青铜器不再是标示社会等级秩序的载体，青铜器的神性和礼制意味随之淡化，失去了它在先秦时期居于文化中心的地位，但是，青铜器仍然在大量使用，其在社会生活中的地位和作用则发生了变化。随着青铜器功能生活化、产品商品化、制作标准化、应用平民化的发展，创造了新的器种，取得了新的成就，形成了新的时代风貌和艺术特色。

三代以降，礼崩乐坏，青铜器失去了往日的辉煌，转而复归生活。从战国中期出现的世俗化趋势到西汉发展成时尚，追求人的价值、享受人生乐趣成为时代思潮，青铜器向世俗化、生活化、商品化方向发展，日用器成为主流。汉代的青铜冶铸业与先秦相比，发生了很大变化。先秦青铜器用于祭神祀祖，主要功能不是为人而是为鬼神为礼制服务，"器以藏礼"，所以器物的种类以礼器为主，礼器是青铜器中

▲ 青铜圆雕动物

前　言

▲ 青铜雁鱼灯，国家博物馆藏

最有特色的器物。汉代青铜器在器物的种类、器形、工艺技术以及用途等方面都有了明显变化，产品功能转向日常生活，以前常见的礼器和兵器逐渐退出历史舞台，三代流行的鼎、壶、钫、盘、匜等礼器虽然仍在沿用，但其功能演变为一般日用器皿，用途广泛，铜镜、铜印、铜灯、铜炉、铜鋗等生活器皿日趋流行；青铜器造型轻灵、装饰简洁，服从于实用功能，以满足日常舒适生活的需要，实用性与艺术性完美结合，这一特点在灯、镇、镜、博山炉之类器物中表现得尤为明显。

随着生产力的发展，青铜器铸造及装饰工艺不断出新。汉人继承前代装饰技法，不断创造出新的工艺，如通体鎏金、鎏金银、镶嵌、细线镂刻等技术达到鼎盛；他们用古老的工艺创造出新颖的纹饰，如模铸的柿蒂纹、神仙瑞兽纹、博山炉盖等。器表装饰向豪华和朴素两极发展，以满足不同社会阶层的需求，总的发展趋势是素面器日渐占据主要地位。胎体轻薄的铜器不适合铸刻粗重的花纹，纹饰因此简化，从西汉晚期开始，绝大部分器物除偶尔有铺首和弦纹外，基本上是素面无纹，简化了制作工序，降低了制作成本。高档青铜器则通体鎏金或鎏金银，以弥补没有花纹的缺陷，鎏金工艺当时称"黄涂"或"金黄涂"，这是对青铜器的一种保护方式，使得器物表面不易氧化。同时，经过鎏金银工艺处理的器物，外表色泽金灿夺目或银亮富丽，显出器物的富丽与华贵。铸镜是西汉重要的青铜手工业部门，得到长足发展和进步，一反汉代铜器不重装饰的做法，注重镜背装饰，铜镜品类繁多，造型美观，设计匠心，制作精工，装饰华丽，功能实用，将中国铜镜文化推向新的高峰。

▲ 鎏金龙纹

# 前 言

▲ "昌邑食官"刻款

    汉武帝经过实施推恩令、盐铁专卖等一系列抑制王侯、加强中央集权的改革措施，国家高度统一。大一统的政治局面，带来了经济文化的空前繁荣和广泛交流，汉式青铜文化真正形成并迅速推及全国。铜矿开采和青铜铸造业主要由政府控制，从中央到地方，组织严密，机构庞大，所制器物精美，主要供宫廷、官府、贵族使用，也用于内外赏赐。钱币和铜镜分别成为西汉青铜铸造业中相对独立的门类，汉武帝元鼎四年（公元前113年）开始，五铢钱由上林三官独家铸造发行。西汉中央政府少府下设考工室和尚方，负责仿照统一的官样铸造铜器。汉政府还在河内郡怀县、河南郡、南阳郡宛县、济南郡东平陵、泰山郡及本郡的奉高县、蜀郡成都、广汉郡及本郡的洛县等地设工官，委派官吏负责官营手工业生产，出产的青铜器样式相近、质量上乘、名闻遐迩，其产品除供应宫廷、各级机构外，也作为商品出售。各王国有专门制造铜器的工官，带"昌邑"铭文的铜器，便是昌邑王国专属作坊的产品，各王国除自己组织工官铸造青铜器之外，还从市场购买。比如，河北省满城县中山靖王墓出土青铜器就包括从河东、洛阳等地购买者。一方面，工官制度的推行，推进了青铜器生产经营商品化进程；另一方面，商品化又推动了青铜文化一体化的形成，使得汉帝国境内出土的青铜器造型、装饰相近。

# 三

刘贺墓是西汉时期为数不多的一座埋葬墓主身份明确、时间清楚、殉葬品丰富、保存完好的高级贵族墓，所出青铜器，绝大多数属于西汉武帝天汉四年（公元前97年，即册封昌邑王刘髆之年）至宣帝神爵三年（公元前59年，即刘贺下葬之年）间昌邑王国和海昏侯国时期的青铜器，以前者居多，质精器美，为我们提供了一批这一时期的标准器，完备的器物种类、组合方式，对于汉武盛世至昭宣中兴这一重要历史时段青铜器的制作工艺、器用制度、埋葬礼制等方面的研究有着重要的学术意义。

刘贺墓园出土青铜器5000余件（套），器类大致包括容器、乐器、兵器、杂器、度量衡器、车马器和明器7大类，以各式车马器为大宗，每类又包括多种不同器形，构成了种类齐备的随葬青铜器群。容器有鼎、簠、釜、甗、染炉、鋞、樽、壶、鐎、盉、罍、勺、鋗、折腹盘、匜、龙首盒、桶形器、筩、卣和尊缶20种，其中簠、盉、罍在汉代罕见，龙首盒、桶形器、筩系首次发现，甗、染炉、鐎、鋞、鋗是汉代新流行的样式，卣、蟠虺纹壶和尊缶则是周代留传下来的古物，是西汉中后期古董收藏风气的体现。乐器有錞于、纽钟、甬钟、钲、镯和铃6种，其中镯系首次出土，构成最完备的青铜军乐器组合。兵器有戈、矛、剑、剑首、剑格、镦、铩格、钑、弩柎饰和盾鼻9种，其中5件圆茎剑，属于典型的东周楚式剑。杂器有镇、灯、博山炉、熏炉、镜、漏壶、杵臼、撮箕、印、带钩、筲、刷柄、哨、虎、羊、野猪、骆驼、五铢钱、削、簪、箅、合页、钩、配件等24种，其中博山炉、漏、釭灯、铭文镜和五铢钱是汉代新出现的器种。刘贺墓是汉墓出土铜镇、铜灯、铜博山炉和五铢钱最多的一处。度量衡器有斛、斗、小量、累和环权5种，是青铜度量衡器出土器种最全面的一次，龠、撮、圭等小量具是汉代新出现的器种，成套出土；官家平青铜累是中央集权的物证。车马器有盖斗饰、盖弓帽、杠箍、承弓器、轭首、軥、軎、衡末饰、轵饰、车𫐄、车辖、笠毂、軫饰、三叉形器、当卢、马珂、方策、节约、辔饰、镳、马衔、泡和环23种，都是西汉诸侯王墓常见的器型。明器有甗、鋗和车马器3类。每一器种又有不同的造型，即使造型相同，装饰工艺也各异。比如，26件灯又可分为釭灯、行灯、豆形灯、连盘灯、五枝灯、雁足灯等，镇有俳优俑镇、雁形镇、凤形镇、虎形镇、豹形镇、鳖形镇、龟形镇、鹿

# 前　言

▲青铜器出土场景

形镇、神兽形镇之别；A型当卢分三亚型，装饰工艺有鎏金、鎏银、错金银、细线刻数种。这些充分说明青铜器已经应用于日常生活的方方面面，使用铜器是为了方便生活、享受生活。

刘贺墓青铜器，绝大多数为铜、锡、铅三元合金，器体呈赤金色。经科学检测，锡量值在1.6%-27.6%之间，平均值为9.3%，铅含量平均值为2.9%，最高值为7.6%。合金配比因青铜器使用功能而异，容器、杂器的锡含量在10%左右。为了增强纹样与器体之间的色彩对比，通过提高合金中锡的比例，使器体泛白，比如，鎏金龙纹甬钟、纽钟和铜镜的锡含量接近28%，部分鎏金装饰的器物，采用高锡配方，有助于产生器体与装饰纹样之间黄白对比的视觉效果，铜镜采用高锡配方，则是为了提高器体硬度，便于使用过程中日常磨拭。

刘贺墓青铜容器，绝大多数胎体轻薄，诸如鼎盖、樽、鋗、折腹盘、罍、A型桶形器等，器壁厚度不到0.5毫米，但器形规整，器表平滑光洁，打磨精工，显示了高超的铸造技术。为了精准控制器壁厚

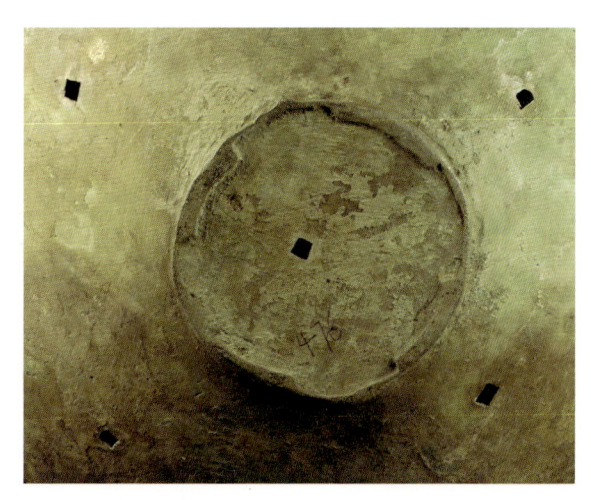

▲铜芯撑脱落后的状况

009

度，铸造时在内外范之间放置铜芯撑，确保范体不错位，因此器表密集分布方形铜芯撑，有的脱落，留下孔洞。

青铜器的装饰技法有鎏金、鎏金银、错金银、嵌宝石、细线刻镂和漆绘等，往往多种技法灵活运用于一器，相得益彰。比如，鎏金青铜博山炉，兼用镂雕、浮雕、鎏金、漆绘工艺。壶、樽、筒之类青铜容器内壁，多数髹红漆。大量鎏金铜器，是刘贺墓青铜器的最大特色，小到1厘米的铜管、大到1米以上的铜虡，甚至是偶车马上的青铜构件，皆通体鎏金。错金银的纹饰多见山峦纹、鸟兽纹、云纹等，器物以车马器为主，成套器物往往装饰风格相同。比如，C型盖弓帽、B型轭首、B型軥、B型衡末饰、Cb型笠毂、Ac型当卢、A型衔，可能属于同一套安车驷马的配件，装饰风格相同，均为错金银纹饰，纹细若丝，纤巧流畅，是细线刻镂与错金银两种工艺并用的代表作。

纹饰主要有简单概括的几何纹、活泼写实的动植物纹，以及神幻飘逸的珍禽瑞兽纹等。几何纹分弦纹、云纹、锯齿纹、三角纹、菱形纹等。弦纹是一种古老的装饰纹样，青铜器上装饰弦纹始见于商周，起初只是作为装饰的界栏，汉人将其再创作，发展成为独立的装饰纹样，其样式为一条或若干条平行线条，排列在器物的装饰部位，是刘贺墓青铜器群最为常见的纹样。弦纹有粗、细两种：细者如一条细长的线附于器表；粗者作宽带状，亦称宽带纹，有的中间呈凹槽状，犹如板瓦。有时粗、细弦纹并施于一器，有时与其他纹饰配合使用。简单者，只在器身饰几道弦纹，比如，铿、樽、

▲ 刻纹铜器　　　　　　　　　　　▲ 髹漆铜器

壶、镳、铜等；复杂者，通常借助弦纹、宽带纹把器身分为若干区，再在其间安排图样。比如，标本M1:961动物纹青铜锺，肩部和腹中部、下部各饰一周宽带凸弦纹，把器体纹饰分为4层。柿蒂纹最早出现于西汉中期的铜镜上，一般以纽座的形式饰于器盖面，外围环绕一周弦纹，比如青铜镳盖、青铜樽盖等。刘贺墓出土漆器，多数装饰青铜柿蒂纽座。动物纹以龙、凤、虎、龟、熊、鹿、鸟最为普遍，常共存一器。

▲龙纹

▲凤纹

▲金乌纹

▲虎纹

## 吉金海昏——刘贺墓园出土青铜器

刘贺墓出土有铭文青铜器不多,铭文刻写方式分范铸、漆书和刻写3种,以刻写者居多,刻写又有镌刻与针刻之别,镌刻者,錾痕深,笔画粗重,字体规整;针刻者,划痕浅,笔画纤细,字体潦草。钟舞内侧、官家平累以及铭文镜上的文字系范铸成形,其他器物多数为刻铭,如"昌邑食官鋗容四升重十一斤昌邑二年造""昌邑食官""昌邑宦谒烛定重六斤四两二年造""李姬家定""南昌""东道羽重百一十斤第三""大周锺容十斗""大刘一斤"等。这些铭文显示,刘贺墓青铜器的产地最少包括昌邑和南昌,昌邑是刘贺任昌邑王时期的治城,南昌是刘贺任海昏侯时期侯国所在地豫章郡的治城,也就是说,刘贺墓青铜器群包括原昌邑国和海昏侯国两个时期的产品,昌邑款青铜器,有纪年者,均为昌邑二年,器物品种有鋗、灯等。当然,昌邑二年款者可能属于刘髆和刘贺时期两个不同时段,即公元前96年或公元前85年铸造的器物,属于这一部分的青铜器数量比较多;另外,十余吨五铢钱,有"昌邑令印"封检;2件"李姬"款青铜灯,称"定"不称"登";外藏椁车马坑出土与真车实马关联的4000多件青铜车马器,这些可能是原昌邑王国的旧物。南昌款青铜器,仅青铜灯1件,海青铜印以及明器,当然也是属于海昏侯国时期的器物。

▲ 蒸漆书款

壹

# 第一章

## 青铜器的类型（上）

西汉海昏侯刘贺墓园出土青铜器五千余件，器类大致包括容器、乐器、兵器、杂器、度量衡器、车马器和明器七大类。

# 青铜容器

刘贺墓园出土青铜容器共 146 件（套），包括鼎、簠、釜、甗、染炉、铿、樽、壶、镳、瓿、罍、勺、鐎、折腹盘、匜、龙首盒、桶形器、筥、卣和尊缶 20 种。

## 一、青铜鼎

26 件。依造型，可以分为三型。

A 型，21 件。造型相同，大小相近，高度在 20 厘米以下，口沿外附长方形穿耳，子口内敛，扁球形腹，圜底，三蹄形足，足跟略鼓，内侧平直，断面呈半圆形，足根有窄台棱。腹中部饰凸棱一周。胎体轻薄，带盖，盖上有三纽。素面，多数通体鎏金。依盖纽形态，分为二亚型。

Aa 型，20 件，立鸟形纽盖。标本 M1:983，口径 13.9 厘米、最大腹径 16.4 厘米、通高 13.1 厘米，出土于刘贺墓东藏椁中部。标本 M1:984-1，为标本 M1:983 的盖，盖径 16.2 厘米、盖高 4.5 厘米，出土时散落在紧邻标本 M1:983 的一件铜銷内。盖面隆起，盖沿延伸作母口，正好与鼎身子口扣合；盖面等距分布 3 个片状立鸟形纽，通体鎏金。

第一章 青铜器的类型（上）

Ab 型，1 件，半环纽盖，纽顶有一小乳突。标本 M1:987，口径 18.5 厘米、最大腹径 23.3 厘米、通高 17.7 厘米，出土于刘贺墓东藏椁中部。标本 M1:986，为标本 M1:987 的盖，盖径 20.7 厘米、盖高 5.7 厘米，出土时散落在标本 M1:987 旁。

▲ Aa 型 青铜鼎

吉金海昏——刘贺墓园出土青铜器

▲ Ab 型　青铜鼎

▲ Ba 型　青铜鼎

第一章 青铜器的类型（上）

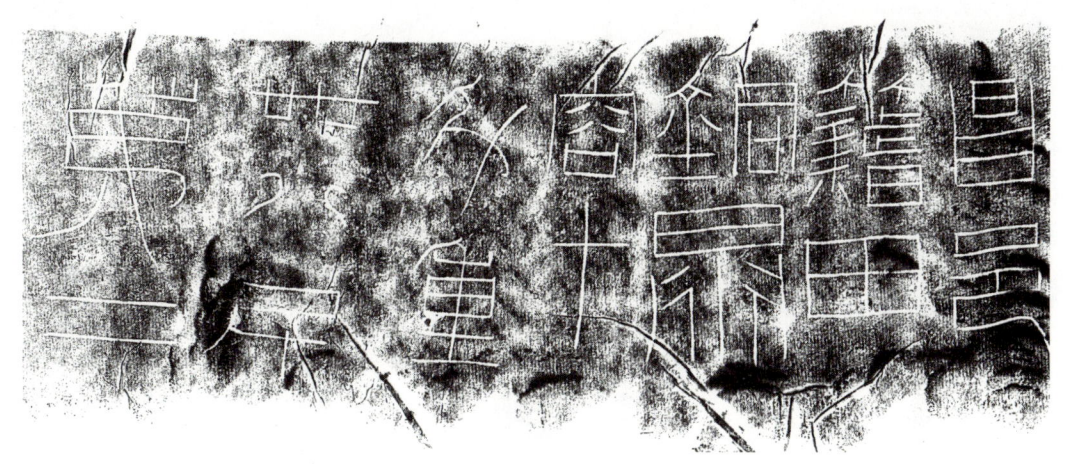

▲ Ba 型　青铜鼎铭文拓片

　　B 型，环耳鼎，4 件，胎体厚重，外附耳的形态为冲天式环耳，虽然作子口形态，但均没有发现青铜鼎盖，而方穿耳鼎均配有青铜盖，所以不能简单地归结为鼎盖遗失。依造型，可以分为三亚型。

　　Ba 型，1 件。标本 M1:959，口径 31.7 厘米、最大腹径 40.5 厘米、通高 34.3 厘米，出土于刘贺墓东藏椁南部，伴出青铜锤、Ab 型青铜鋗、漆案等。腹中部不像 Aa 型鼎那样饰一周凸棱，腹部阴刻篆隶体"昌邑籍田铜鼎容十斗重卅八斤第二"15 字，是所有出土铜鼎中体量最大的一件，也是唯一有铭文者。

　　Bb 型，2 件。造型与 Aa 型鼎相近，区别主要体现在鼎耳形态上。标本 M1:1767，口径 20.5 厘米、最大腹径 26 厘米、通高 19.8 厘米，出土于刘贺墓主椁室东室棺柩南侧，伴出 9 件 Aa 型鼎均带盖。

　　Bc 型，1 件。标本 M1:962，口径 19 厘米、最大腹径 24.7 厘米、通高 16.9 厘米，出土于刘贺墓东藏椁南部，伴出青铜锤、Ab 型青铜鋗、漆案等。腹中部不像 Aa 型鼎那样饰一周凸棱，而是饰一周宽带凸弦纹，较为少见。三蹄足粗而矮。

017

吉金海昏——刘贺墓园出土青铜器

▲ 主椁室东室青铜鼎出土场景　　　　　　　　　　　　　　　　　　　▲ 昌邑青铜鼎出土场景

▲ Bb 型　青铜鼎

第一章　青铜器的类型（上）

▲ Bc 型　青铜鼎

C 型，异型鼎 1 件。标本 M1:221，口径 16.6 厘米、最大腹径 33.1 厘米、炉盘径 20.2 厘米、足高 18.4 厘米、通高 29.4 厘米，出土于刘贺墓东藏椁北部，伴出青铜甗、漆皮陶罐等。敛口，扁鼓腹，下腹部弧形内收，圜底，3 只细长半圆形蹄足。底部通过一圆筒形炉腔连接圆形炉盘，炉盘一侧带流，流从两足间伸出。通体素面，肩部对称分布 3 个鼻纽衔环。鼎内伴出数粒板栗。

此类鼎，系首次出土，器形特别，似鼎非鼎，似釜非釜，如果视为鼎，汉式鼎一般有双耳，此鼎器体似釜，没有双耳，却有 3 个鼻纽衔环；如果视为釜，却有 3 只蹄足，汉式釜因灶台的使用，三足退化，已演变成圜底或平底，总体来看，有三蹄足，鼎的成分更多一点，在此仍归入鼎类。

▲ C 型　青铜连盘鼎及鼎内伴出的板栗

## 二、青铜簋

1件。标本 M1:680，口径 27 厘米、足径 22.9 厘米、高 18 厘米，出土于刘贺墓西藏椁南部。敞口，有窄内沿，斜弧腹，向下内收成圜底，高圈足。胎体厚重，上腹饰一周凸棱，内底及圈足上部残存范线。

▲青铜簋

## 三、青铜釜

2件，造型相同，均出土于刘贺墓东藏椁北部，伴出青铜鼎、青铜锅、青铜折腹盆、青铜甗等。直口微敛，平折沿，弧腹，腹部向下内收为圜底。上腹有一周凸出的宽圈沿，便于卡扣在灶台火眼上，这一变化是由于灶台的使用，使得原有的三足、四足炊器在造型上发生适应性改变。标本 M1:954，口径 47 厘米、腰沿宽 3 厘米、高 30 厘米。胎体厚重，素面。

▲青铜釜

## 四、青铜甗

2件。为上甑下釜分体式复合炊器,釜部盛水,甑部盛食物,依靠水蒸气来蒸煮食物,相当于今日的蒸锅。依造型,可以分为二型。

A型,1件。标本M1:975,分甑、釜两部分,甑口径22厘米、榫圈径11.5厘米、高12厘米,釜口径10.7厘米、最大腹径19厘米、底径7.5厘米、高13厘米、通高23.2厘米,出土于刘贺墓东藏椁南部,伴出昌邑籍田青铜鼎、Ab型青铜鋗、青铜锺等。甑作敞口式,平折沿,斜腹,腹上部有对称铺首衔环,下腹弧形内收成平底,底部有箅,下端有榫圈。釜作直口式,方唇,套接在甑底榫圈内,圆肩,肩部有对称铺首衔环,鼓腹,下收成平底。甑腹上部有一周宽带凸弦纹,釜腹中部有一周宽圈沿,以便卡扣在灶台火眼上。通体鎏金。

从春秋中后期开始,甗出现了上甑下釜的新样式,至西汉,此式甗快速普及,有时加一件盆作器盖,组成盆、甑、釜三件套。比如,河北省满城县中山靖王刘胜墓随葬的鎏金青铜雍甗,由盆、甑、釜三部分组成,自铭为"甗",釜腹刻有铭文"御铜金雍甗一容十斗盆备",甑腹刻有铭文"御铜金雍甗甑一具盆备",盆腹墨书、阴刻相同铭文"御铜金雍甗盆容十斗"[1]。这种釜与我们在上文中介绍的直口釜不同,是甑的配件,所以直接自铭为"甗",而甑、盆的名称前均加了"甗",说明二者是专门与甗配套使用的,是成套器物"甗"的一部分,从铭文可以看出,"甗"是这套器物的总称。陕西省茂陵一号无名冢一号从葬坑出土的一套青铜甗,由釜、甑、盆三部分组成,釜肩外侧阴刻铭文"阳信家麐复(釜)容一斗并重三斤六两五年奉主买邯郸夷(第)二";甑口沿下阴刻铭文"阳信家麐甗容一斗并重三斤六两五年奉主买邯郸夷(第)二";盆外壁阴刻铭文"阳信家麐盆容一斗并重三斤六两五年奉主买邯郸夷(第)二"[2]。这3件青铜器所刻铭文,除各自名称外,其余相同,说到重量时,每件器物上标明的都是3件器物的总重,序号也都是"第二",充分说明这3件器物属于一套,在当时,釜、甑、盆套合之器,统言之为甗,分言之,分别称釜、甑、盆。因甗是炊煮器,使用时

---

[1] 中国社会科学院考古研究所、河北省文物管理处:《满城汉墓发掘报告》,第52页,文物出版社,1980年。
[2] 咸阳地区文管会、茂陵博物馆:《陕西茂陵一号无名冢一号从葬坑的发掘》,《文物》1982年第9期。

吉金海昏——刘贺墓园出土青铜器

▲ 青铜甗

第一章　青铜器的类型（上）

▲ 西汉青铜行灶，西安博物院藏

甑上需要加盖，一般是木盖，如果把盆倒扣过来作盖，则可以增加甑的容量，雍甗、麐甗正是加了一件青铜盆作盖，雍甗还在釜、甑上刻铭文"盆备"，特别标明这套器物中包括盆。类似的情况还见于山西省朔县平朔露天煤矿生活区工地 138 号汉墓出土青铜行灶[1]、陕西省西安博物院收藏的西汉青铜行灶和赵氏青铜甗。本书第二章第四节明器部分介绍的刘贺墓中出土的 7 套青铜甗，均为盆、甑、釜组合式。

B 型，异型甗，1 件。由器盖、甑、釜三部分组成，器体硕大，胎体厚重，素面无纹，通高 132 厘米，散落在刘贺墓东藏椁北部，分为 4 个标本号。

---

[1] 平朔考古队：《山西朔县秦汉墓发掘简报》，《文物》1987 年第 6 期。

青铜甗盖，由上下两部分组成，上半段，标本 M1:478，口径53厘米、通高21厘米；下半段，标本 M1:570，直径34.9厘米、通高10厘米。器盖整体形似豆形灯，上部呈浅盘形，敞口，宽平沿外折，方唇，沿面等距离分布3个鼻纽衔环，浅腹，圜底，下接一圆柱状空心柄，对穿小孔，孔旁刻划"×"符号；底座呈覆钵形，上接一圆柱状空心柄，对穿小孔，孔旁刻划"×"符号，上下两段之间以铆钉相连。

青铜甑，标本 M1:474，口外径54厘米、口内径39.5厘米、榫圈口径27厘米、通高63.5厘米。器身整体呈圆筒状，方唇，直壁，腹壁分内外两层，内口沿略高于外口沿，内外壁之间以3根横向的圆柱相连；平底稍内凹，器底内外壁之间、内壁内侧分别向下伸出1个龙首流。底中部外凸形成圈足，以便插入釜口内，圈足向下稍内收成菱格状镂空的圆形箄，形成二层底。外层口沿一侧有1个马蹄形外槽，腹壁上部有3个鼻纽衔环。出土时，甑内残存板栗、芋头等食物，标本 M1:221 青铜鼎内也发现了板栗。

青铜釜，标本 M1:477，口径27.5厘米、最大腹径67厘米、高43.5厘米。直口，方唇，圆肩，鼓腹，下收为圜底。肩部有3个鼻纽衔环，腹中部有一周宽圈沿，沿面有1个凸出的圆角方形槽。

类似的青铜器在陕西省西安市张家堡新莽墓曾有出土，发掘简报称之为蒸馏器[1]。我们认为，总体来看，此器上甑下釜，具备了汉式甗的主要特征，暂定名为异型甗。

---

[1] 程林泉、张翔等：《西安张家堡新莽墓发掘简报》，《文物》2009年第5期。

第一章 青铜器的类型（上）

▲ 青铜异型甑

吉金海昏——刘贺墓园出土青铜器

▲ 青铜异型甗

第一章　青铜器的类型（上）

▲青铜异型甀出土场景

▲青铜异型甀内包含物

027

吉金海昏——刘贺墓园出土青铜器

▲ 青铜异型甋，张家堡出土

## 五、青铜染炉

2件，造型相同、大小相近，出土于刘贺墓东藏椁南部，伴出青铜鼎、漆樽、漆盘、漆耳杯等食器。由连盘炉和耳杯两部分组成，标本 M1:1612，出土时耳杯便是置于连盘炉上。炉口长方形，平折沿，炉口两头沿内侧铸接一圈椭圆形镂空围屏；炉四壁、炉底有长方形镂孔；炉底中间有一截面为倒梯形的中空长管状槽，前端与炉壁齐平；四蹄足，与承盘连铸。承盘为长方形浅盘，平折沿，斜壁，平底。耳杯为椭圆形，侈口，半月形耳，弧腹内收成平底。标本 M1:1577，连盘炉，炉口长 16.4 厘米、宽 12.5 厘米、炉盘长 16.3 厘米、宽 12.3 厘米、炉深 5.5 厘米、通高 12 厘米。标本 M1:1572，耳杯，口长径 15.7 厘米、短径 9.4 厘米，底长径 9.4 厘米、短径 4.2 厘米，高 4 厘米，散落在紧邻标本 M1:1577 的一件漆盘内。

此类杯、炉组合器，是西汉出现的成套食器染具，耳杯用于盛酱料，沾而食之，炉用于加热酱汁，传世品中有自铭为"平安侯家染炉""史侯家铜染杯"者[1]，说明杯、炉合体者，汉代称为染炉。耳杯既可以盛酒，也可以盛食物，湖南省长沙市马王堆三号汉墓出土漆耳杯，有自铭为"君幸酒""君幸食"者[2]，就是明证。刘贺墓园水井出土 1 件漆耳杯，内底隶书铭文"脯酱"，说明此杯是盛干肉酱的专用杯子[3]。《论语》云："割不正，不食。不得其酱，不食"[4]，意即食物切割不得法者，不吃；没有合适的酱，不吃。对于吃，讲究的程度，由此可见一斑。古人饮食，特别注重作为佐料的酱，不同的食物配不同的酱。比如，长沙马王堆一号汉墓出土遣册竹简九三、九四、九八、一〇三、一〇六提到的酱有肉酱、爵（即雀）酱、马酱、醯和酱[5]；江苏省徐州狮子山楚王陵出土陶瓮中有 2 件刻有"芷酱二石""肉酱二石"[6]。沾酱而食，称为染。

---

[1] 容庚：《秦汉金文录》卷四，中华书局，2011 年。
[2] 湖南省博物馆、湖南省文物考古研究所：《长沙马王堆二、三号汉墓》，第 127—130 页，文物出版社，2004 年。
[3] a. 江西晨报、江西省文物考古研究所：《发现海昏侯》，第 51 页，江西教育出版社，2016 年。
  b. 王仁湘：《南藩海昏侯》，第 176—178 页，生活·读书·新知三联书店，2022 年。
[4]《论语》卷五，《乡党》，朱熹《四书集注》，岳麓书社，1985 年。
[5] 湖南省博物馆、中国科学院考古研究所：《长沙马王堆一号汉墓》，第 137—139 页，文物出版社，1973 年。
[6] 狮子山楚王陵考古发掘队：《徐州狮子山西汉楚王陵发掘简报》，《文物》1998 年第 8 期。

盛酱的杯子，称染杯。与染杯配套使用，用于加热酱汁的炉子称染炉。常温下使用时，漆器能胜任，如果需要加热、保温酱汁，则需要金属炉具，这套工具的专用名称便是"染炉"[1]。青铜染炉，西汉大型贵族墓中时有出土。陕西省茂陵一号无名冢一号从葬坑出土2套，其中一套自铭为"阳信家铜杯""阳信家铜炉"[2]。

▲ 青铜染炉出土状态

---

[1] a. 宁立新、杨纯渊：《四神染炉考辨》，《北方文物》1988年第1期。
　　b. 刘尊志：《汉代铜染炉浅析》，《南方文物》2020年第2期。
[2] 咸阳地区文管会、茂陵博物馆：《陕西茂陵一号无名冢一号从葬坑的发掘》，《文物》1982年第9期。

第一章　青铜器的类型（上）

▲ 青铜染炉

## 六、青铜锃

6件,造型相同,大小接近,均出土于刘贺墓北藏椁东部,伴出青铜编钟、漆瑟、漆樽等。圆形盖,盖面微隆,中心有一圆角长方形片状纽。器身呈直筒形,子口,直壁深腹,下接3只半圆形矮蹄足。上腹部有2个鼻纽衔环,与提梁套接。通体鎏金,中腹偏上有一周宽带纹,下腹近底处有加厚宽边。此类铜器,有自铭为"锃"者[1]。比如,国家博物馆藏河平元年(公元前28年)青铜锃,刻有铭文"河平元年供工造铜锃容二斗重十四斤"[2]。依提梁形态,可以分为二型。

A型,链形提梁锃,4件。标本M1:425,盖高3.8厘米、盖径12.5厘米、口径12.1厘米、腹径12.8厘米、足高2.5厘米、通高20厘米。以链环连接鼻纽,形成提梁。

▲青铜锃出土场景

---

[1] 裘锡圭:《锃与樫桯》,《文物》1987年第9期。
[2] 李云:《咸阳博物院藏汉代龙首提梁铜锃》,《中国文物报》2024年4月23日第八版。

第一章　青铜器的类型（上）

▲A型　青铜鋞

B 型，双兽首提梁锃，2 件。标本 M1:413，盖径 12.1 厘米、盖高 4.5 厘米、口径 11.6 厘米、腹径 12.3 厘米、足高 2.4 厘米、通高 20.1 厘米。双兽首提梁与鼻纽之间，以链环连接。

此型锃在西汉高级贵族墓中比较常见，辽宁抚顺刘尔屯西汉墓[1]、山东荣成梁南庄西汉墓[2]、江苏邗江姚庄 101 号西汉墓[3]均有出土。

▲B 型　青铜锃

---

[1] 抚顺市博物馆：《辽宁抚顺县刘尔屯西汉墓》，《考古》1983 年第 11 期。
[2] 烟台市文物管理委员会：《山东荣成梁南庄汉墓发掘简报》，《考古》1994 年第 12 期。
[3] 扬州博物馆：《江苏邗江姚庄 101 号西汉墓》，《文物》1988 年第 2 期。

## 七、青铜樽

5件，均出土于刘贺墓东藏椁北部，伴出青铜钫、青铜鼎等。圆形盖，盖面微隆，鼻纽衔环。器身呈直筒形，子口，腹上部有铺首衔环，平底，三蹄足。此类器物，有自铭为"樽"者。比如，山西省右玉县大川村出土鎏金青铜樽，器盖、器腹均阴刻隶书"中陵胡傅铜温酒樽重廿四斤河平三年造二"[1]。依足部形态，可分为二型。

▲ 青铜樽出土场景

A 型，3件。标本 M1:1014，盖径 27.7 厘米、口径 27.3 厘米、腹深 20.9 厘米、通高 27.2 厘米。盖面、器身饰圈点纹，间以宽带凸弦纹，器内髹漆。

标本 M1:822，盖径 19.2 厘米、口径 18.8 厘米、腹径 19 厘米、通高 22 厘米。盖面、器腹饰宽带纹。

---

[1] 郭勇：《山西省右玉县出土的西汉铜器》，《文物》1963年第11期。

吉金海昏——刘贺墓园出土青铜器

▲ A型　青铜樽

▲ A型　青铜樽

第一章　青铜器的类型（上）

B 型，2 件。标本 M1:990，口径 18.6 厘米，底径 18.7 厘米，高 15.7 厘米。与 A 型樽的最大区别在于三蹄足面饰浮雕兽面纹，器腹饰 2 周宽带纹。标本 M1:992，樽盖，散落在标本 M1:990 附近，口径 19.4 厘米，高 4.5 厘米。樽腹、盖面饰 2 周宽带纹，盖面中心饰四柿蒂纹纽座，鼻纽衔环。

▲B 型　青铜樽

## 八、青铜壶

37件。大致可以分为圆腹壶、方腹壶、长颈壶三型。

A型，34件[1]。圆腹壶，口微外侈，平沿，束颈，溜肩，圆鼓腹，下腹内收成圜底，高圈足，上腹部两侧有铺首衔环。依体量，可分为大型壶和小型壶二亚型，二者区别主要体现在大小、高矮上，大者高度多数在40厘米以上，腹部更深、外鼓更明显，小者大多在30厘米左右。

此类圆腹壶，战国时期已有自铭为"锺"者，至西汉广为流行，标明容量者，一般为"十斗"或"一石""石"。比如，陕西省西安市三桥镇高窑村出土的西汉17号青铜锺，肩部阴刻隶书铭文"南宫锺容十斗重五十一斤"[2]；湖南省长沙市马王堆三号墓出土遣册竹简二三八"髹画樟"可以与殉葬品中有"石"铭文的大型漆圆腹壶对应[3]。这类锺，大体高度在40厘米以上，低于40厘米的壶，目前没有发现自铭为"锺"者。刘贺墓出土自铭为"锺"的2件青铜锺，高度均在40厘米以上。我们在整理刘贺墓青铜圆壶类器时，把高度在40厘米左右者归入"锺"，其余归入"壶"。经修复，可复原的青铜圆壶23件，其中锺15件，壶8件。

Aa型，素面青铜锺，13件，其中自铭为"锺"者2件，高度均在40厘米以上。青铜锺，造型相近，侈口，口沿有加厚宽边，肩部和腹中部、下部各饰一周宽带凸弦纹，区别主要体现在圈足形状上，大体可以分为直壁圈足、弧腰圈足和覆斗形圈足3种。标本M1:1099，口径15.9厘米、最大腹径36.5厘米、圈足径18.5厘米、高45厘米，出土于刘贺墓东藏椁中部。覆斗形圈足，上壁斜直，下壁垂直。腹部阴刻篆隶体铭文"大周锺容十斗"。

标本M1:921，口径15厘米、最大腹径36.2厘米、圈足径21.4厘米、高44厘米，出土于刘贺墓东藏椁中部。覆斗形圈足。通体鎏金，腹部阴刻篆隶体铭文"昌邑食官锺容□□重廿九斤六两"。

---

[1] A型壶因有一些尚在修复中，能依据大小、器型进行分型者仅23件。
[2] 西安市文物管理委员会：《西安三桥镇高窑村出土的西汉铜器群》，《考古》1963年第2期。
[3] 湖南省博物馆、湖南省文物考古研究所：《长沙马王堆二、三号汉墓》，第118页，文物出版社，2004年。

第一章　　青铜器的类型（上）

▲ 大周青铜锺

▲ 昌邑青铜锺

Ab 型，动物纹青铜锺，2 件。标本 M1:961，口径 17.3 厘米、最大腹径 33 厘米、圈足径 21.3 厘米、高 42 厘米，出土于刘贺墓东藏椁南部。通体满花，模铸，纹痕较浅，器表留有范线。肩部和腹中部、下部各饰一周宽带凸弦纹，把器体纹饰分为 4 层，第一层，口沿与肩部间，饰圈带纹、菱形纹、三角纹和菱形纹；第二层，肩部，饰菱形纹，上下界以圈带纹；第三层，上腹部，饰写意动物纹，可辨图案有立兽、飞鸟、太阳等；第四层，下腹部，饰一周菱形纹和三周圈带纹。弧腰圈足，上壁弯曲，饰三角纹；下壁垂直，饰圈带纹。

▲ 动物纹青铜锺

标本 M1:1098，口径 16.5 厘米、最大腹径 32.6 厘米、圈足径 20.7 厘米、高 39.6 厘米，出土于刘贺墓东藏椁中部，伴出青铜壶盖、青铜樽、青铜锅、青铜鼎等。造型、装饰与标本 M1:961 相近。标本 M1:937，壶盖，面径 17.6 厘米、口径 15 厘米、高 6.9 厘米。盖面微隆，顶部有鼻纽衔环。盖沿内敛，内折成子口，便于纳入壶口内。盖面饰几何纹。出土时散落在标本 M1:1098 旁，经修复，二者可以扣合，通高 46 厘米。

Ac 型，7 件，造型与 Aa 型壶相近，只是体量相对小一些。依形态，可以分为二式，区别主要体现在颈部加长、最大腹径由上腹部下移至偏下处，由圆鼓腹演变为扁圆腹。

▲ 动物纹青铜锺

此类小型壶，有自铭为"壶"者，但没有自铭为"锺"者。比如，1963 年湖南省长沙市汤家岭西汉张端君墓出土 2 件有铭青铜壶，其中一件高 37.8 厘米，腹部阴刻隶书"端君五斗壶一只"；另一件高 29.2 厘米，腹部阴刻隶书"端君二斗壶一只"[1]。湖南省长沙市马王堆三号汉墓遣册竹简二三八"髹画橦二"，竹简二三九"髹画壶六"，分别对应同墓出土的 2 件高 57 厘米、6 件高 37 厘米两种漆圆壶，前者有铭文"石"，后者有铭文"二斗"，两种铭文绝不混用[2]。这也说明同样造型的壶，在当时人们的观念中，统称之为壶，细分之，个体高大者又可以称为"锺"，个体小者只能称为"壶"。

---

[1] 湖南省博物馆：《长沙汤家岭西汉墓清理报告》，《考古》1966 年第 4 期。
[2] 湖南省博物馆、湖南省文物考古研究所：《长沙马王堆二、三号汉墓》，第 118—120 页，文物出版社，2004 年。

吉金海昏——刘贺墓园出土青铜器

▲ 蟠螭纹青铜壶

　　Ac 型 I 式，蟠螭纹壶，1 件。标本 M1:1010，口径 11 厘米、腹径 24.5 厘米、圈足径 12.7 厘米、高 25.7 厘米，出土于刘贺墓东藏椁中部。口微侈，束颈，圆肩，圆鼓腹，最大腹径在上腹部，下腹弧形内收，覆斗形圈足。肩部和上腹、中腹、下腹饰 4 周宽带凸弦纹，把器表装饰分为 5 个区域，颈部饰三角纹，肩部、腹部饰蟠螭纹，肩部有对称铺首衔环，壶内外髹漆。

　　此类壶，造型、装饰均为战国圆壶式样，与安邑下官青铜锺接近，时代约相当于战国晚期偏早[1]。

[1] 咸阳博物馆：《陕西咸阳塔儿坡出土的铜器》，《文物》1975 年第 6 期。

第一章 青铜器的类型（上）

Ac型Ⅱ式，6件。标本M1:592，口径12.4厘米、最大腹径25厘米、圈足径16厘米、高29.3厘米，出土于刘贺墓东藏椁中部。侈口，束颈，溜肩，扁圆腹，下腹内收成平底，覆斗形圈足。肩部、上腹、下腹各饰一道宽带纹，壶内髹红漆。

标本M1:773，口径10.8厘米、最大腹径20.5厘米、圈足径12.8厘米、高26.3厘米，出土于刘贺墓东藏椁北部。直壁圈足，微外侈。肩部、腹部各饰一周宽带纹。

▲ 青铜壶

Ad 型，1 件。标本 M1:419，盖径 12.4 厘米、盖高 4 厘米、口径 12.5 厘米、最大腹径 20 厘米、圈足径 13 厘米、通高 29.6 厘米，出土于刘贺墓东藏椁北部。圆形盖，盖面微隆起，饰 3 个片状立鸟形纽，盖沿近直，形成母口，从外面盖住壶口。直口，颈微束，溜肩，圆鼓腹，下腹内收成平底，覆斗形圈足。通体鎏金，肩部、上腹、下腹各饰一道宽带纹。壶盖内、壶体内髹漆。

▲ 鎏金青铜壶

B型，青铜钫，2件。标本M1:1009，口径15厘米、最大腹径20.8厘米、圈足径12.1厘米、高32.7厘米，出土于刘贺墓东藏椁中部。方形，口微侈，口沿外有加厚宽边，长颈微束，肩部有对称铺首衔环，鼓腹，四隅有棱，平底，高圈足。

此类方壶，始自战国，流行于西汉，有自铭为"钫"者。比如，河北省满城县中山靖王刘胜墓出土青铜钫，腹部阴刻隶书铭文"中山内府铜钫"[1]；湖南省长沙市马王堆三号汉墓出土遣册竹简三四〇"髹画枋三"[2]，同墓出土了3件漆方腹壶。

▲ 青铜钫

---

[1] 中国社会科学院考古研究所、河北省文物管理处：《满城汉墓发掘报告》，第49页，文物出版社，1980年。
[2] 湖南省博物馆、湖南省文物考古研究所：《长沙马王堆二、三号汉墓》，第118页，文物出版社，2004年。

# 吉金海昏 —— 刘贺墓园出土青铜器

C型，鎏金青铜长颈壶，1件。标本M1:415，口径4.3厘米、腹径24厘米、圈足径13厘米、足高4厘米、高32.7厘米，出土于刘贺墓东藏椁北部。小口微侈，细长颈，扁鼓腹，直壁圈足，微外侈。通体鎏金，颈中部有一周宽带凸箍。

▲ 鎏金青铜长颈壶

## 九、青铜鐎

3件，造型相同、大小相近。标本 M1:774，盖径9厘米、盖高2.1厘米、口径8厘米、最大腹径16.6厘米、鋬长10.1厘米、流长8.2厘米、足高4.2厘米、通高14.6厘米，出土于刘贺墓东藏椁北部，伴出青铜甗、青铜鼎、青铜鋗、B型青铜折腹盘等。圆形盖，盖面微隆，顶部有一半圆形片状立纽。子口，矮领，圆肩，鼓腹，圜底，三蹄足。腹中部伸出鸟头形流，流口设活扣盖；与流垂直的腹部另一侧有长条形鋬。盖面四瓣柿蒂纹纽座外绕3周弦纹；腹中部饰一周宽带凸弦纹；鸟头形流的颈部饰鳞纹，鋬上刻兽面纹，足面饰浅浮雕兽面纹。此类青铜器，有自铭为"鐎"者。比如1967年山西省太原市东太堡砖厂出土孙氏家青铜鐎，盖面阴刻篆书铭文"鐎第二"[1]。《玄应音义》卷一五引《韵集》："鐎，温器也，三足有柄。"鐎可以用于加热食物，是一种常用的生活用具。

▲青铜鐎

---

[1] 戴尊德：《太原东太堡发现西汉孙氏家铜鐎》，《考古》1982年第5期。

# 吉金海昏——刘贺墓园出土青铜器

▲ 青铜鐎

# 第一章 青铜器的类型（上）

## 十、青铜瓿

1件。标本M1:974，口径28.3厘米、最大腹径58厘米、底径12.1厘米、高38厘米，出土于刘贺墓东藏椁南部，伴出青铜甗、青铜鼎、青铜鋗等。敛口，圆唇，溜肩，折腹，下腹急收成平底。腰部有一周凸棱，凸棱两边相对的位置各有一组凸棱，每组包括3条直凸棱。

▲青铜瓿

## 十一、青铜罍

3件。依造型，可以分为二型。

A型，1件。标本M1:476，口径16.7厘米、最大腹径33.3厘米、圈足径10.5厘米、高34.2厘米，出土于刘贺墓东藏椁北部，伴出青铜甗、青铜釜等。直口，卷沿方唇，矮领微束，圆肩，肩部有2个半环形耳，圆鼓腹，下腹内收成平底，矮圈足。素面。

B型，2件，造型相同，大小相近。标本M1:1142，圈足高5.2厘米，残高32.5厘米，出土于刘贺墓东藏椁中部，伴出青铜鼎、青铜鋗、青铜壶、青铜钫等。大口，圈沿圆唇，矮领，圆肩，肩部有2个铺首衔环，圆鼓腹，下腹急收成平底，高圈足外撇。素面。

049

▲ A 型　青铜罍

## 十二、青铜勺

6 件。依勺首形态，可分为二型。

A 型，4 件，造型相同，大小相近。勺首呈椭圆状，浅腹，圜底，凹槽形长柄呈 45 度角斜直上伸，柄近末端扁平，置鼻纽衔环。素面。标本 M1：1064-1，勺首长径 11 厘米、短径 8 厘米、深 3.1 厘米、柄长 30.5 厘米、通长 38.5 厘米，出土于刘贺墓东藏椁南部，伴出青铜锤、青铜鋗等。

B 型，2 件，造型相同，大小相近。勺首呈瓢状，浅腹，圜底，凹槽形长柄呈 45 度角斜直上伸。素面。标本 M1：1064-2，勺径 11.1 厘米、柄长 25 厘米、通长 34.5 厘米，出土于刘贺墓东藏椁南部。

▲ A 型　青铜勺

▲ B 型　青铜勺

## 十三、青铜鋗

　　31件。自铭为"鋗"者6件，造型相近，但大小、高矮有别，大体可分为三类，第一类3件，大小适中，铭文为"昌邑食官鋗容四斗重十二斤二两昌邑二年造"；第二类2件，为大口深腹，是第一类的放大版，铭文为"昌邑食官鋗容廿斗重五十四斤昌邑二年造盆"，其中，"盆"为篆体，其余为篆隶体；第三类1件，与第二类相比，只是腹更浅，铭文为"昌邑食官鋗容十斗重卅一斤昌邑二年造盘"。有的学者依据上述铭文青铜鋗所刻容量不同，把刘贺墓出土青铜鋗分为：四升者为鋗，十升者为盘，二十升者为盆[1]。殊不知，西汉青铜器上刻容量、重量是较为常见的现象，并不能以此来界定其性质。刘贺墓出土青铜鋗铭文除了容量外，还标明了重量，既然可以依据容量给其定名，为什么不依据重量定名呢？我们认为，这6件器物，都是昌邑二年铸造，铭文刻写方式、格式相近，可能出自同一书手，由此可知，在当时人们心目中，此类器物统称为鋗，细分之，口大腹深者又可称为"盆"，口大腹浅者则称为"盘"。

---

[1] 曹斌：《西汉海昏侯刘贺墓青铜器定名和器用问题初论》，《文物》2018年第11期。该文对青铜鋗铭文释读出现了一个小小的失误，把"斗"当成了"升"。

# 吉金海昏 —— 刘贺墓园出土青铜器

▲ Ab 型 青铜锔

## 第一章 青铜器的类型（上）

A 型，28 件，造型相近，斜折窄沿，上腹近直，下腹弧形内收，平底，矮圈足。腹中部有一周宽带凸弦纹。依大小，可以分为三亚型。

Aa 型，3 件，大小接近，腹部有 2 个鼻纽衔环，腹部刻有铭文，只是重量略有差别。标本 M1:1012-1，口径 31.5 厘米、腹径 29.2 厘米、圈足径 16 厘米、高 16 厘米，出土于刘贺墓东藏椁中部，伴出青铜鼎、青铜壶、青铜樽等。腹部阴刻篆隶体铭文"昌邑食官铜容四斗重十三斤六两昌邑二年造"。

Ab 型，1 件。标本 M1:978，口径 42.5 厘米、腹径 40.7 厘米、底径 25.3 厘米、高 22.8 厘米，出土于刘贺墓东藏椁南部，伴出昌邑籍田青铜鼎、青铜锤等。鼻纽，器腹阴刻篆隶体铭文"昌邑食官铜容十斗重卅斤昌邑二年造"。此件铜与 Aa 型铜相比，造型相近，体量略大。4 件铭文为"四斗"的铜，体量处于中间，比标本 M1:978 口径约小 10 厘米，比下文要介绍的铺首衔环青铜铜大 10 厘米。

▲Aa 型 青铜铜

## 吉金海昏——刘贺墓园出土青铜器

Ac 型，24 件，与 Aa 型銅相比，体量略小，造型相近，装饰风格稍有不同，口径在汉制 1 尺左右，没有铭文，且均为铺首衔环，无一作鼻纽衔环者。标本 M1:426，口径 28.5 厘米、腹径 25.7 厘米、圈足径 17.1 厘米、高 13.7 厘米，出土于刘贺墓东藏椁北部，伴出青铜鼎、青铜銅、B 型青铜折腹盘、青铜尊缶等。通体鎏金。

▲ Ac 型　青铜銅

B 型，1 件，造型与 A 型銅相近，但体量要大一倍，均出土于刘贺墓东藏椁南部，与 Ab 型青铜銅摆放在一起，伴出青铜锺、青铜鼎等。标本 M1:956，口径 59 厘米、圈足径 39.5 厘米、高 23.3 厘米。通体鎏金，腹部没有纽，器腹阴刻篆隶体铭文"昌邑食官銅容廿斗重五十四斤昌邑二年造"和篆书"盆"，表明此类器物又可称为"盆"，在铭文刻写时特意用不同的字体将"盆"字与前面的铭文区分开，以突出表达"盆"的意义。

▲ B 型　青铜銅

C型，1件，造型与B型铜相近，但高度约为其一半。标本M1:1012-3，口径49.5厘米、腹径45厘米、圈足径32.8厘米、高14.7厘米，出土于刘贺墓东藏椁中部。器腹阴刻篆隶体铭文"昌邑食官铜容十斗重卅一斤昌邑二年造盘"，表明此类器物又可称为"盘"。

▲C型 青铜锅

D型，1件。标本M1:1012-4，口径54厘米、圈足径28厘米、高20.1厘米，出土于刘贺墓东藏椁中部，与自铭为"铜"的3件青铜铜叠压在一起。敞口，斜折沿，斜腹，平底微内凹，假圈足。素面，器体有多处补铸痕迹。

此类器物，有自铭为"铜"者。比如，陕西省西安市三桥镇高窑村出土的西汉青铜铜，器腹阴刻铭文："上林昭台厨铜铜容一石重廿斤宫"[1]；也有自铭为"盂"者，江苏盱眙大云山江都王陵刘非墓出土的A型青铜盂，标本M1IX:4240，沿面阴刻铭文"江都宦者盂容石二斗重廿四斤"[2]。我们认为，刘贺墓该器出土时与3件自铭为"铜"的青铜器叠压在一起，倾向于把其归入铜类器。

---

[1] 西安市文物管理委员会：《西安三桥镇高窑村出土的西汉铜器群》，《考古》1963年第2期。
[2] 南京博物院、盱眙县文化广电和旅游局：《大云山：西汉江都王陵一号墓发掘报告》，第591页，文物出版社，2020年。

吉金海昏——刘贺墓园出土青铜器

▲青铜铜出土状态

▲D型 青铜铜

## 十四、青铜折腹盘

13件。胎体轻薄，光素无纹，造型相近。依体量，可以分为二型。

A型，1件。标本M1:1044，口径67.2厘米、高14厘米，出土于刘贺墓西藏椁中部。斜折沿，敞口，折腹，圜底近平。此种造型、体量的青铜盘，有自铭为"沐盘"者。比如，1982年江苏省徐州市石桥2号汉墓出土青铜盘，腹部阴刻隶书铭文"赵姬沐盘"[1]。

▲A型　青铜折腹盘

B型，12件，造型相同、大小相近，刘贺墓东藏椁北部出土10件，主椁室东、西室各出土1件。标本M1:429，口径25.5厘米、圈足径9.5厘米、高9.5厘米，刘贺墓东藏椁北部出土，伴出青铜鼎、青铜锅、青铜尊缶等。斜折沿，敞口，折腹，小平底，假圈足。

▲B型　青铜折腹盘

---

[1] 徐州博物馆：《徐州石桥汉墓清理报告》，《文物》1984年第11期。

## 十五、青铜匜

1件。标本M1:406，口长径22厘米、短径16.7厘米，流长7.5厘米、高9.6厘米，出土于刘贺墓东藏椁北部，伴出青铜鼎、青铜锅、青铜尊缶等。器身呈瓢形，口微侈，深弧腹下收成平底；腹长径一侧设凹槽流。素面。

此类器物，有自铭为"匜"者。比如，首都师范大学博物馆收藏一件西汉青铜匜，腹外部阴刻铭文："代匜容二斗重三斤"[1]。

▲ 青铜匜

---

[1] 袁广阔、马保春：《首都师范大学博物馆藏汉代铜匜》，《文物》2010年第8期。

## 十六、龙首青铜盒

1件。标本M1:1741，口长径16.5厘米、短径13.8厘米、鋬长8厘米、残高13.5厘米，出土于刘贺墓主椁室东室南部。呈椭圆形，由盒盖、盒身两部分组成，以子母口上下扣合。盒盖为青铜釦漆器，仅剩盖面装饰的玉珠、玉片以及青铜盖釦、漆绘纻胎残片。青铜盖釦呈椭圆形，一侧置龙首鋬上颌部分。盒身口沿呈椭圆形，一侧置龙首鋬下颌部分，浅弧腹，圜底，下承4只矮蹄足。盒鋬呈龙首形，张口，双睛圆鼓，鼻上卷，喉部设活舌，手握龙首一紧一松，盒随之开合。通体镶嵌宝石。此式青铜盒，系首次出土，构思巧妙，形态生动。山东省烟台市莱西县岱墅2号汉墓、安徽省天长县北冈6号汉墓、江苏省仪征市刘集镇联营村西汉墓地59号墓曾出土类似造型的漆盒[1]。

▲龙首青铜盒出土场景

---

[1] a. 烟台地区文物管理组等：《山东莱西县岱墅西汉木椁墓》，《文物》1980年第12期。
b. 安徽省文物工作队：《安徽天长县汉墓的发掘》，《考古》1979年第4期。
c. 南京博物院、仪征市博物馆：《江苏仪征刘集镇联营村西汉墓地M58、M59发掘简报》，《文物》2024年第1期。

吉金海昏——刘贺墓园出土青铜器

▲龙首青铜盒

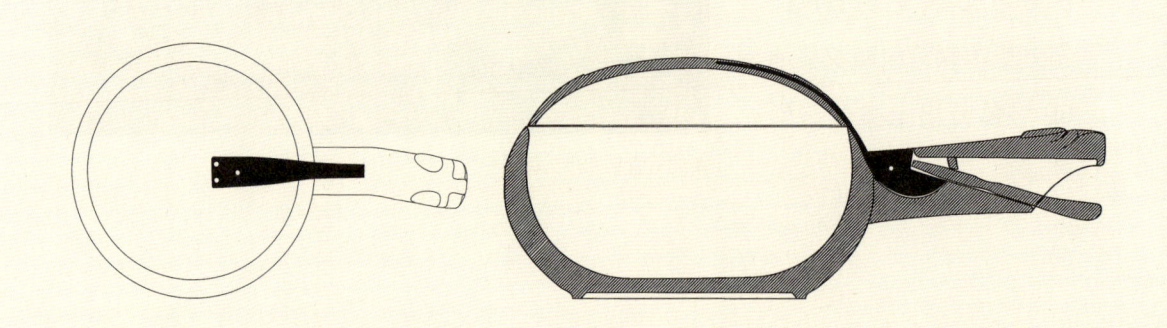

▲虎首漆盒，仪征联营出土

## 十七、青铜桶形器

2件。呈圆桶形，系首次发现，用途不明。依造型，可以分为二型。

A型，1件。标本M1:1013，口径42.2厘米、腰径35厘米、圈足径36.2厘米、腹深29.6厘米、高54.9厘米，出土于刘贺墓东藏椁中部，伴出青铜鼎、青铜樽、青铜壶、青铜钫等。呈亚腰状圆筒形，侈口，圆唇，中腹收束，圈足外侈，腰中部近下处设内底，把内腔分隔成上下两部分。口沿和圈足各有一周加厚宽边，腰部饰一周宽带纹，上腹有对称铺首衔环。胎体轻薄，器体有数处补铸痕。

B型，1件。标本M1:1297，口径34厘米、流长13.7厘米、流宽7.2厘米、通高54.9厘米，出土于刘贺墓南徽道东部，伴出青铜漏、青铜灯等。呈圆桶形，直口圆唇，外壁一侧附半圆形槽，顶部置一可以拆御的凹槽形流，近底处有一小圆孔与器体相通。下承三蹄足。

▲A型 青铜桶形器

▲B型 青铜桶形器

## 十八、青铜笥

1件。标本 M1:1878-8，长 15.5 厘米、宽 6.5 厘米、通高约 6.2 厘米，出土于刘贺墓主棺头厢，笥内盛放青铜小刀、玉片、玉管等。呈长方形，由器身与盝顶式器盖两部分扣合而成。光素无纹，器内壁髹红漆。此笥造型与同墓出土漆笥相近，青铜笥属首次出土，可能是模仿漆笥的制品。

▲ 青铜笥

## 十九、青铜卣

1件。标本M1∶404,盖长径16厘米、短径13.1厘米、高14厘米,口长径12.8厘米、短径10.2厘米,腹长径29.1厘米、短径23.7厘米,圈足长径17.5厘米、短径14.3厘米、高6.5厘米,通高38.2厘米,出土于刘贺墓东藏椁北部,伴出青铜雁鱼灯、青铜鼎、青铜锅、青铜铿、青铜尊缶等。由器盖和器身两部分构成,以子母口形式扣合。盖作深母口式,盖面微隆,中心有花蕾状纽,盖缘方折。器身为子口微敛,颈部附一对环形耳,两耳套接"几"字形宽带状提梁;垂腹,近底处外鼓,腹部平剖面呈椭圆形;平底,台阶状高圈足。盖面、器身被4道高扉棱平分为4个装饰面,盖面中部有六瓣花蕾状纽,纽面饰蝉纹,盖面饰4组花冠凤鸟纹,盖缘饰长尾鸟,盖缘两侧有犄角状凸起;肩部饰4组勾喙下卷尾夔龙纹,腹部饰4组花冠凤鸟纹;提梁饰一身双首合体夔龙纹,提梁两端有圆雕兽首,双目突起,双角作鸭掌状,较为醒目;圈足饰4组一身双首合体夔龙纹,一首作俯视展开状,另一首作侧视状。盖、底内壁均铸有铭文"子畯父乙"。器形宏伟庄重,铸造技术精湛,整器以云雷纹为地纹,在地纹上饰浅浮雕图案,再以阴线刻方式进行细部刻画,层次分明、立体感极强,繁缛富丽,带有典型的殷墟青铜器"三层花"装饰风格,时代大致在商末周初[1]。

该卣是商代晚期至西周初期流行的器种,日名"父乙"是商人的传统,但主体纹饰凤鸟纹却是周人特有的长冠凤鸟纹,从形制、纹饰、铭文和铸造工艺等方面综合来看,此卣应为西周初年殷遗民所铸造,是商文化与周文化相互交融的产物。相对于西汉海昏侯刘贺墓而言,应为当时的传世器或收藏品,说明刘贺有博古通今的雅好[2]。三代青铜器在西汉中后期贵族墓中时有出土,是当时社会复古风的反映,可以与《史记》、《汉书》的相关记载互证。刘贺墓三代青铜器,除此卣外,还有上文提到的蟠虺纹壶以及下文将要介绍的尊缶、圆茎剑等。

---

[1] a. 王泽文:《浅析海昏侯墓出土的两件先秦青铜礼器》,《南方文物》2016年第3期。
b. 周艳明:《江西南昌西汉海昏侯墓出土的凤鸟纹提梁卣及相关问题》,《文博》2016年第5期。
c. 杨馎:《海昏侯刘贺墓所出父乙卣之断代研究》,中国社会科学院考古研究所夏商周考古研究室编《三代考古》第七辑,科学出版社,2017年。
[2] 彭明瀚:《海昏藏美》,第200—213页,文物出版社,2022年。

▲ 青铜提梁卣出土场景

▲ "子畯"凤鸟纹青铜提梁卣

第一章　青铜器的类型（上）

## 二十、青铜尊缶

2件。依腹部形态，可以分为二型。

A型，圆腹尊缶，标本M1:423，盖径19.6厘米、高5.9厘米，口径19.5厘米、最大腹径37厘米、圈足径19.8厘米、通高44.5厘米，出土于刘贺墓东藏椁北部，伴出青铜鼎、青铜鋗、青铜鋞、青铜卣等。圆形盖，盖面微隆起，有3个环形立纽，盖沿有4个等距离的长条垂卡，以便与器身口沿外侧扣合。器身直口，方唇，颈微束，溜肩，圆鼓腹，最大腹径在腹上部，下腹斜收，平底微内凹，形成假圈足。腹中部有4个环形耳，耳面饰兽面纹；耳间有4组8个圆形凸起，类似大乳丁，饰蟠虺纹。器肩、腹部饰蟠虺纹带，以素面环带纹间隔。

尊缶是春秋时期在楚国兴起的典型酒器，多自铭为"尊缶"。刘贺墓此式尊缶在造型、装饰方面与河南淅川下寺一号墓出土尊缶相近，时代约相当春秋晚期前段[1]。对于刘贺来说，这些尊缶属于前代古董。刘贺墓北藏椁出土2件尊缶，伴出青铜鼎、青铜鋗、青铜壶、青铜鋞、青铜匜，既有传统意义上的酒器，又有食器、水器，说明在刘贺所处时代，青铜尊缶与其流行的东周时期相比，有着不同的意义。

▲青铜圆腹尊缶出土场景

---

[1] 方明红：《楚缶与楚文化演进》，《华夏考古》2023年第1期。

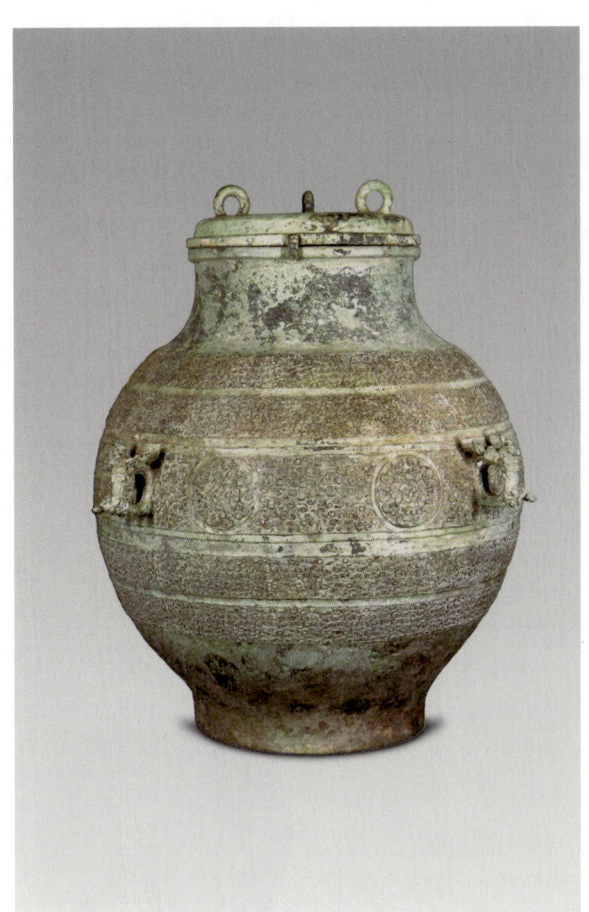

▲ 青铜圆腹尊缶

B 型，十二棱腹缶，标本 M1:431，盖径 19.3 厘米、盖高 4.4 厘米、口径 18.5 厘米、最大腹径 36.6 厘米、腹深 38.3 厘米、通高 44 厘米，出土于刘贺墓东藏椁北部，伴出青铜鼎、青铜鋗、青铜壶、青铜鋞、青铜匜。器形厚重，器盖、器腹均呈十二棱形。盖面微隆，有 4 个兽首环纽，纽顶端饰兽面纹，盖沿有 4 个等距离的兽面形垂卡，以便与器身口沿外侧扣合。器直口，方唇，颈微束，圆鼓腹，最大腹径在上腹部，下腹斜收成平底，微内凹。上腹有 4 个兽首环耳，耳上饰兽面纹；耳间有 4 组 8 个圆形凸起，满饰蟠螭纹。盖面和器肩、腹部饰蟠螭纹带，以素面环带纹间隔。

此类十二棱尊缶属于首次发现，与刘贺墓圆腹尊缶装饰风格相同，最大腹径也在上腹部，时代当相去不远。

▲ 青铜尊缶出土场景

▲ 青铜十二棱腹尊缶

068

## 第二节

# 青铜乐器

刘贺墓园出土青铜乐器包括錞于、纽钟、甬钟、钲、镯和铃 6 种，共 11 件（套），另有虡、销、挂钩、包首等配饰 32 件。

### 一、青铜錞于

1 件。标本 M1:1326，肩径 32.5 厘米、口径 31.3 厘米、纽高 6.7 厘米、通高 77.1 厘米，出土于刘贺墓甬道乐车上。胎体厚重，器身修长，圜首，圆肩，束腰，于口微侈，有三棱状内唇，没有调音痕迹。顶部设桥纽，肩下、腰部各饰一周宽带纹，口部有加厚宽边。王清雷团队通过现场测音、试奏，认为敲击该錞于的不同位置，其音色、音量与延时均差别较大，敲击肩部，其音色较为嘈杂，声音短促；敲击于口，其音色较为纯净，声音洪亮绵长。由此可知，作为一种与鼓相和、用于指挥作战、发送指令信号的军乐器，可以发出多种作战信号。伴出的青铜钲、青铜镯均未经调音，青铜甬钟则经过调音[1]。

刘贺墓青铜錞于与南方地区流行的圆盘顶虎纽錞于不同，属于中原地区流行的式样，可能是原昌邑王国的旧物。类似的青铜錞于，山东省淄博市西汉齐王墓 3 号陪葬

---

[1] 王清雷等：《海昏侯刘贺墓乐车库所出青铜乐器研究》，《音乐探索》2023 年第 4 期。

## 吉金海昏——刘贺墓园出土青铜器

坑曾出土,伴出青铜钲和漆鼓[1]。该器物坑为兵器仪仗坑,出土铜镞、弩机、铁戟等各式兵器5000多件,说明青铜錞于、钲属于军乐器的可能性更大。山东济南市洛庄汉墓14号陪葬坑出土青铜錞于、青铜钲和青铜铃各1件,分别通过3个铁环悬挂在木架上[2],为我们认识此类青铜乐钟的悬挂方式提供了实物资料。

▲ 青铜錞于

---

[1] 山东省淄博市博物馆:《西汉齐王墓随葬器物坑》,《考古学报》1985年第2期。
[2] 济南市考古研究所等:《山东章丘市洛庄汉墓陪葬坑的清理》,《考古》2004年第8期。

## 二、青铜钲

1件。钲又称"丁宁"[1]，是东周时期流行于吴、楚等南方诸国的军乐器。标本M1:1368，铣间14.3厘米、甬高12.2厘米、通高31厘米，出土于刘贺墓甬道乐车上，伴出青铜甬钟、青铜镯各1件，漆鼓1件、漆鼓槌4件。作合瓦形，器体横截面呈椭圆形，铣棱斜直，铣端外张，于口弧曲，有三棱状内唇；平舞，竹节状甬，顶部有加厚宽边，中间饰2周宽带凸箍，凸箍之间置半环形纽。通体光素无纹。此钲甬部不设旋和干，腔面没有分隔出枚、篆、钲、鼓各区，也没有枚；内腔无音梁，内壁无调音痕迹。这些特征显示出此类青铜乐钟与同墓所出青铜甬钟、纽钟之类乐钟设计思路不同，属于不同类型的乐器，过去把其认定为甬钟的判断不足信[2]。

此类青铜乐钟，属于退兵时鸣奏的打击乐器，"鼓之则进，重鼓则击。金之则止，重金则退"[3]，有自铭为"钲"者。比如，侯骑钲阴刻铭文"侯骑钲重九斤二两新始建国地皇上戊二年右工工晦造"[4]。颍川青铜钲，造型、大小与刘贺墓青铜钲相近，器身正面阴刻隶书铭文"颍川县司盾发弩令正重四十四斤始建国天凤四年缮"[5]，该铭文为"钲"作为军乐器提供了极好的佐证。类似造型、大小的青铜乐钟在山东省淄博市西汉齐王墓3号陪葬坑、山东省章丘市洛庄汉墓14号陪葬坑也有出土，齐王墓3号坑出土者原报告称之为青铜甬钟，伴出青铜錞于[6]。洛庄汉墓14号陪葬坑出土者发掘报告定名为青铜钲，伴出青铜錞于、青铜铎和漆建鼓各1件[7]。湖南省长沙市马王堆三号汉墓出土遣册竹简一五"屯（即錞）于铙铎各一"，出土物中没有与之对应者，不清楚铙、铎是什么造型；竹简一三"击屯（即錞）于铙铎各一人"，可知錞于、铙、铎

---

[1] 朱骏声：《说文通训定声》卷十四，《金部》，中华书局，1984年。
[2] 发掘简报报道，刘贺墓出土14件甬钟，其中就包括此钲和下文将要讨论的镯。参考江西省文物考古研究所等《南昌市西汉海昏侯墓》，《考古》2016年第7期。
[3] 华陆综注译：《尉缭子》卷四，《勒卒令》，中华书局，1979年。
[4] 容庚：《秦汉金文录》卷三，中华书局，2011年。
[5] 姚垒：《襄城县出土新莽天凤四年铜钲》，《中原文物》1981年第2期。
[6] 山东省淄博市博物馆：《西汉齐王墓随葬器物坑》，《考古学报》1985年第2期。细审图片，我们发现此器与甬钟有明显区别，甬上设半环形纽，甬钟此处为干和旋；腔面也没有像甬钟那样分割出钲、鼓、篆各区，更没有枚，因此原发掘简报定名为甬钟不合适，应改名为钲。
[7] 济南市考古研究所等：《山东章丘市洛庄汉墓陪葬坑的清理》，《考古》2004年第8期。

## 吉金海昏——刘贺墓园出土青铜器

均属于打击乐器,演奏时,每件乐器有专人敲击;出土《车马仪仗图》帛画,建鼓下方可见一木架上悬挂2件乐器,旁边有二人跪坐作打击状[1]。刘贺墓出土偶乐车青铜乐钟的组合方式与上述器物坑出土者大同小异,比齐王墓多镯、甬钟各1件,比洛庄汉墓多甬钟1件,且用镯代替了铎,因此刘贺墓是西汉王侯墓中青铜军乐器组合最完备的一例。青铜军乐器錞于、钲与漆鼓这一打击军乐器的组合方式,最早的考古实物见于陕西省韩城县梁带村M27,时代在春秋早期[2],三者形成了组合,有着与军事相关的象征意义。刘贺墓偶乐车军乐器的组合方式,体现了先秦军乐制度在西汉的延续。

刘贺墓甬道偶乐车上配有漆鼓和青铜甬钟、青铜钲和青铜镯,青铜乐器甬上有干、纽,说明这些青铜乐器是用绳子系在架子上悬挂使用。刘贺墓偶乐车青铜乐器的配置,是目前所见考古出土青铜军乐器组合最复杂的一例,可以与《国语》相关记载相互印证:"是故伐备钟鼓,声其罪也;战以錞于、丁宁,儆其民也。"[3]"昧明,王乃秉枹,亲就鸣钟鼓、丁宁、錞于,振铎,勇怯尽应"[4]。春秋时期金车、鼓车是战车,刘贺生活的时代,经汉武帝时期加强中央集权、削弱地方封国权力的一系列大变革,地方王侯已失去了行政管理权,更没有兵权,

▲ 青铜钲出土场景

▲ 青铜钲

---

[1] 湖南省博物馆、湖南省文物考古研究所:《长沙马王堆二、三号汉墓》,第48页,彩版二五,文物出版社,2004年。
[2] 陕西省考古研究所等:《陕西韩城梁带村遗址M27发掘简报》,《考古与文物》2007年第6期。
[3] 《国语》卷十一,《晋语》,上海古籍出版社,2015年。
[4] 《国语》卷十九,《吴语》,上海古籍出版社,2015年。

墓中载有军乐器的漆偶车，当然不能视为战车，只能视作车马出行前导车性质的仪仗乐车。

## 三、青铜镯

1件。标本M1:1369，铣间23.3厘米、甬高16.1厘米、通高41厘米。作合瓦形，器体横截面呈扁椭圆形；铣棱斜直，铣端外张，纵剖面呈梯形；于口弧曲，有内唇；平舞，八菱形实心甬，顶部有加厚宽边，中间饰2周宽带凸箍，凸箍间置半环形纽。腔面以粗阳线框分隔出钲、鼓、枚各区，钲部两侧有4组乳丁状枚，每组9个，分3行；鼓部较长，近于口处有2周凸弦纹。甬部不设旋和干，枚间不设篆带，内腔无音梁，内壁无调音痕迹，这些特征显示出此类青铜乐钟与同墓所出青铜甬钟、纽钟和铃之类乐钟设计思路不同，属于不同类型的乐器，过去把其认定为甬钟的判断不足信。

这类青铜乐钟系首次出土，又与錞于、钲等青铜军乐器伴出，应该属于军乐器。《周礼·地官·鼓人》载："以金錞和鼓，以金镯节鼓，以金铙止鼓，以金铎通鼓。"郑玄注："铙如铃，无舌，有秉，执而鸣之，以止击鼓。"[1] 这段文献涉及錞于、镯、铙和铎4种青铜乐器。对于錞于、铙、铎这三种青铜乐器的认知，目前学界已经达成共识，军乐器中的钲在上文也进行了辨析，所以该器仅剩下"镯"一种可能，镯是为鼓声打节拍的打击乐器。王清雷先生认为此类青铜乐器属于文献记载的镯这一判断是可信的，这也是首次从考古出土青铜乐钟中辨识出青铜镯，具有填补空白的意义[2]。

---

[1] 郑玄注、贾公颜疏：《周礼注疏》，中华书局，1936年。
[2] 王清雷等：《海昏侯刘贺墓乐车库所出青铜乐器研究》，《音乐探索》2023年第4期。

073

吉金海昏——刘贺墓园出土青铜器

▲ 青铜镯

## 四、青铜铃

6件。造型相同、大小相近，4件出土于刘贺墓北藏椁编钟架附近，2件出土于刘贺墓南藏椁西侧车马库，散落在漆偶车马堆积内，考虑到这些铜铃个体很小，无法与编钟、编磬一起作为成套功能乐器来使用，用于车马、编钟架装饰的可能性比较大。标本M1:449-2，铣距3.6厘米、通高4.2厘米，出土于刘贺墓北藏椁编钟架附近。铃体作合瓦形，呈扁凸状，直铣棱，铣端外侈，于口弧曲，舞平素无纹，置扁平长条环形纽。铃腔内有悬舌。腔面以粗阳线框分隔出钲、鼓、枚各区，钲部较长，几乎占满整个腔面，钲部两侧有4组乳丁状枚，每组8个，间以菱格纹；钲部饰2枚乳丁状枚。鼓部极短，光素无纹。

▲ 青铜铃

## 第三节

# 青铜兵器

刘贺墓园出土青铜兵器共101件（套），包括戈、矛、剑、剑首、剑格、镖格、铋、弩枒饰和盾鼻9种。

## 一、青铜戈

2件。

标本M1:514、标本M1:515，出土于刘贺墓西藏椁中部，出土时，戈胡、援、内三部分断开，分2个标本号。经修复，内长17厘米、宽5.5厘米，胡长8厘米、援长17.2厘米、通长34.2厘米。尖首长援，援微上翘，长胡三穿，圆形阑，长方形内微上翘，近胡处有1方形穿。戈内近阑处套一圆筒形青铜铋帽，顶部封闭，两侧对穿长方形孔以便套入戈内，下端开口，以便插入竹木质戈铋，用丝麻绳通过胡、内上的穿固定戈铋。

标本M1:651，出土于刘贺墓西藏椁南部，戈首残，出土时青铜戈套在彩绘漆戈鞘内。

▲青铜戈出土状态

▲青铜戈

▲带鞘青铜戈

## 二、青铜矛

2件。

标本 M1:538-16，骹径 2.4 厘米、刃长 9.7 厘米、通长 19 厘米，出土于刘贺墓西藏椁中部一件漆笥内，伴出青铜盖弓帽、镦、节约、钉等。窄长柳叶形，前锋弧尖，矛身起脊微凸起成棱，两侧下凹形成血槽；椭圆形骹口部上弧成半圆形双尾叉。骹部饰简体兽面纹，一侧有半环形系，用于系缨。

标本 M1:1594，骹径 3.8 厘米、刃长 12.3 厘米、通长 21.5 厘米，出土于刘贺墓主椁室西室北部，伴出青铜镦、漆柲等。前锋尖锐，起脊，截面呈菱形。出土时，矛头带漆鞘，装有漆柲和青铜镦。

▲ 青铜矛　　　　　　　　　▲ 带鞘青铜矛

## 三、青铜剑

14件，刘贺墓出土13件，刘充国墓出土1件。这些青铜剑出土时均套在漆剑鞘内，有的还盛放在漆剑匣内。依剑茎形状，可分为二型。

A型，5件，圆茎剑，脊呈直线，斜从较宽，前愕收狭，锐利，格作倒"凹"字形，依茎上有无圆箍，可分为二亚型。

Aa型，4件，茎上有2道圆箍。标本M1:1003-B-38，茎长9.5厘米，腊长44.5厘米、宽5.1厘米，通长54厘米。

Ab型，1件，茎上无圆箍，有长条形穿。标本M1:1003-B-14，茎长13.8厘米，腊长40.5厘米、宽5厘米，残长54.3厘米，刘贺墓西藏椁中部出土。剑锋残损。

▲Aa型 青铜圆茎剑

▲青铜剑出土场景

▲Ab型 青铜圆茎剑

B型，扁茎剑，9件，因2件未经修复，无法断定剑茎是否有穿，故用于分型的仅7件，依茎末端有无圆穿，可分为二亚型。

Ba型，2件，有圆穿，便于安装圆盘形铜质或宝石质剑首。标本M1:1878-2，出土于刘贺墓内棺。剑首直径3厘米、高2.5厘米，茎长11.5厘米，腊长64.8厘米、宽3.5厘米，通长77厘米。剑首呈圆盘形，盘面下凹，底部细柱开凹槽，两侧对穿圆孔，与剑茎末端圆孔对穿，用细钉横穿铆合。扁茎，茎末端有圆穿，剑茎与剑腊相交处安装红缟玛瑙剑格，茎体两面镶嵌黑漆木柄。剑脊两侧下凹成血槽，剑锋尖锐。剑腊插在漆剑鞘中，剑鞘装饰红缟玛瑙剑璏。

Bb型，5件，无圆穿。标本M1:1003-B-17，茎长11.6厘米，腊长67.2厘米，宽3.6厘米，通长78厘米，刘贺墓西藏椁中部出土。剑茎与剑腊相交处浑铸有倒"凹"字形剑格。

▲ Ba型　青铜扁茎剑　　　　▲ Bb型　青铜扁茎剑

## 四、青铜剑首

5件，造型相同，均为圆盘形，盘面下凹，底部细柱开凹槽，两侧对穿圆孔，可以与剑茎末端圆孔对穿，便于用细钉横穿铆合。刘贺墓内棺、刘充国墓内棺出土的青铜佩剑，均饰圆盘形青铜剑首。标本 M1:511，直径4厘米、高2.1厘米，出土于刘贺墓西藏椁中部，与B型青铜剑格伴出。

▲ 刘充国墓青铜剑首出土场景

▲ 青铜剑首

## 五、青铜剑格

11件。剑格呈倒"凹"字形，上口为菱形，下口近长方形。依器表是否有纹饰，可以分为二型。

A型，1件。标本M1:470，宽5.3厘米、高1.7厘米，出土于刘贺墓西藏椁中部，伴出青铜戈、青铜剑、青铜弩柎饰等。两面饰兽面纹。

▲A型 兽面纹青铜剑格

B型，10件。标本M1:513，长4.5厘米、高2厘米，出土于刘贺墓西藏椁中部，伴出青铜戈、青铜剑、青铜弩柎饰等。素面无纹。刘贺墓出土铁剑，多数安装此型青铜剑格，因这些青铜剑格与铁剑茎贴在一起，未列入统计范围。

▲B型 青铜剑格　　　　　　　　　　▲带青铜剑格的铁剑

## 六、青铜铩格

8件。依造型，大体可以分为二型。

秦俑1号坑出土了10多件带鞘似剑青铜器，有格，装有长木柄，柄末端有青铜镦，发掘者认定为铍[1]。《说文解字》云："铍，剑而刀装者""铩，铍有镡也"[2]。镡，即剑格。由此可知，铍和铩属于一类兵器，外形似剑，有茎无首，长刃，不起中脊，区别在于是否有格，有格者为铩，无格者为铍。这两种兵器在西汉时期较为流行，湖南省长沙市马王堆三号汉墓遣册竹简二一"执短铩六十人"，竹简二六"执长铩应盾者百人"[3]。矛、铍、铩三种长兵器是江苏省徐州市出土汉画像石兰锜图中常见的器种，矛多刻画为叶形，中部起脊，骸部卷成圆筒，有的还刻画出系缨的小纽；铍比矛长，形如短剑，无骸；铩则突出向上弯曲的格，徐州市白集汉墓兰锜图中，并排插着矛、戟、铍、铩4种兵器[4]。刘贺墓出土了相当数量的带鞘铁铍，装有彩绘漆柲、青铜镦，配青铜铩格者仅8件。

A型，凹形格，4件，造型相同、大小相近。标本M1:1846-1，长11.8厘米、宽4.3厘米、厚2.8厘米，出土于刘贺墓西徼道南部。正视呈"凹"字形，上端为椭圆形銎，便于穿柲；下端从銎两侧分出弧形。一侧有小圆纽。

▲ 青铜铩格出土状态　　　　▲ A型　青铜铩格

---

[1] 刘占成：《秦俑出土的铜铍》，《文物》1982年第3期。
[2] 许慎撰、段玉裁注：《说文解字注》十四篇上，《金部》，上海古籍出版社，1981年。
[3] 湖南省博物馆、湖南省文物考古研究所：《长沙马王堆二、三号汉墓》，第49页，文物出版社，2004年。
[4] 刘妹妹：《徐州汉画像石中的兰锜图—兼论东汉兵器使用情况》，《中原文物》2022年第5期。

B 型，"一"字形格，4 件，造型相同、大小相近。标本 M1∶1700-1，长 4.1 厘米、宽 1.4 厘米、厚 1.7 厘米，出土于刘贺墓主椁室东室北部，伴出带青铜镦的矛、戟、铍数件。正视呈"一"字形，上端为椭圆形銎，便于穿柲；下端为子口，铩插入鞘时正好可以与漆鞘口镶嵌的铜釦扣合，出土时二者就是套接在一起的。一侧有小圆纽。

▲ B 型　青铜铩格　　　　　　　　　　　▲ 青铜铩格与铜釦漆鞘

## 七、青铜珌

4 件，造型相同、大小相近。铩、铍漆鞘末端装饰，半椭圆形，中空，以便与鞘末端套接，末端有一小圆纽，用于系缨。通体鎏金。标本 M1∶1863，长 2.6 厘米、宽 3 厘米，出土于刘贺墓西徼道南部。

▲ 青铜珌　　　　　　　　　　　▲ 嵌青铜珌的漆鞘

## 八、青铜弩栭饰

3件,刘贺墓西藏椁中部出土1件,伴出青铜承弓器一对,漆弩2件;外藏车马坑出土2件,伴出青铜承弓器3对。标本K1:356,长11.4厘米、宽5.3厘米、高10.5厘米,出土于车马坑。前端呈长方形,中部下折为台阶状,末端呈三尖齿状。通体鎏金。此物镶嵌在弩臂后端,起加固和装饰作用。

车马坑出土2件青铜弩栭饰以及6件用于张弩的承弓器,说明该坑埋葬的5辆车,其中可能包括《后汉书·舆服志》记载的戎车或猎车,可以与《汉书》中刘贺做昌邑王时"好游猎,驱驰国中"的相关记载相印证[1]。从考古发现来看,西汉诸侯王墓一般出土猎车。比如,河北省满城县中山靖王刘胜夫妇墓各出土猎车1辆[2];山东省淄博市临淄区西汉齐王墓3号陪葬坑、曲阜九龙山鲁王墓各出土猎车1辆[3]。

▲ 青铜弩栭饰　　　　　　　　▲ 漆弩

---

[1]《汉书》卷七十二,《王吉传》,中华书局,1962年。
[2] 贾叶青:《满城汉墓出土车马器探析》,《收藏家》2020年第7期。
[3] 郑滦明:《西汉诸侯王墓所见的车马殉葬制度》,《考古》2002年第1期。

## 九、青铜盾鼻

3件，造型相同、大小相近。标本 M1∶1876，长 9.7 厘米、宽 2.7 厘米，出土于刘贺墓东徼道中部，伴出彩绘漆盾。头部弯曲成钩形，正面饰兽面纹，背面作槽形。盾中部起棱脊，脊背面纵向嵌木条，其两端套有盾鼻。青铜盾鼻头部向外钩住盾面，背面凹槽嵌入盾脊木条，起加固作用。

▲青铜盾鼻

## 十、青铜镦

49件，铍、铩、戟、戈、矛的漆柲末端多数安装青铜镦。依造型，可以分为二型。

A型，圆筒形，依中腰是否起箍可以分为二亚型。

Aa型，多数中腰有一周凸箍。标本 M1∶1593，口径 2.3 厘米、长 13.8 厘米，出土于刘贺墓主椁室西室北部近主椁室北墙处，伴出青铜矛、漆柲等。通体鎏金。

▲Aa型　青铜镦

Ab型，没有凸箍。标本 M1∶1815，口径 2.5 厘米、长 8.3 厘米，出土于刘贺墓南徼道东部。

▲Ab型　青铜镦

B型，管形，横截面呈不规则菱形，末端微内凹，十字凸线内饰圆点纹。标本M1:1792，口径2.7厘米、长8.5厘米，出土于刘贺墓主椁室东室主棺北侧近主椁室北墙处。通体鎏金。

▲ 青铜镦出土场景

▲ B型 青铜镦

# 贰

## 第二章 青铜器的类型（下）

# 第一节

# 青铜杂器

刘贺墓园出土青铜杂器共134件（套），包括镇、灯、博山炉、熏炉、镜、漏壶、杵臼、撮箕、印、带钩、箅、刷柄、哨、虎、羊、野猪、骆驼、五铢钱、削、簪、箕、合页、钩、配件等24种。

## 一、青铜漏壶

3件。标本M1:730，口径18.5厘米、足高5.1厘米、通高38.6厘米，出土于刘贺墓东藏椁北部，伴出青铜鼎、青铜釜、青铜甗、朱漆樽等。圆形盖，平顶，中央有一长方形孔。盖顶置一长方形提梁，提梁面中段开一长方形孔，与盖顶中央长方形孔上下相对，用于安插沉箭。器身长筒形，子口，上腹部有2个鼻纽衔环，下腹近底处斜出一管状流，用以泄水，底部有三蹄形足。

这是西汉时期流行的单壶泄水型沉箭式漏壶，与圭表配合用于计时，在西汉贵族墓中时有出土，有自铭为"铜漏"者。比如，内蒙古自治区鄂尔多斯市杭锦旗阿门其日格出土的千章铜漏壶，壶身阴刻隶书铭文"千章铜漏一重卅二斤河平二年四月造"[1]。漏壶在使用时，壶内盛水，水上浮一称作"舟"的木片，2小孔插一刻有度数的竹、木片，即"刻箭"，"刻箭"的下端立于壶内的"舟"上。"刻箭"上一般有100个刻度，代表一昼夜的时间。由于壶内的水由壶下腹近底处的流慢慢地向外滴，"刻箭"随"舟"不断下降，从而指示出不同的时刻。

---

[1] 伊克昭盟文物工作站：《内蒙古伊克昭盟发现西汉铜漏》，《考古》1978年第5期。

▲ 青铜漏壶出土场景

▲ 青铜漏壶

## 二、青铜臼、杵

5件（套），刘贺墓主椁室西室中北部、东藏椁南部各出土一套，西藏椁南部出土1件，西徼道南部出土1大1小计2件臼，小臼放在大臼内，均没有与之配套的杵。4件大臼造型相同、大小相近，呈圆筒形，直口，方唇，口沿外有加厚宽边，上腹近直，下腹弧形内收成圜底，喇叭形假圈足；胎体厚重，腹部有一周宽带凸弦纹。杵作柱状，两端粗，顶部隆起，中腰收束。标本 M1∶1483，臼口径 14.5 厘米、底径 12.4 厘米、高 21.5 厘米，杵长 34.9 厘米、直径 3.8 厘米，出土于刘贺墓主椁室西室中北部，伴出青铜灯、青铜熏炉，出土时杵放在臼内，是一套器具，可以与研磨香料关联起来。

此类青铜器，有自铭为"臼""杵"者。比如，1972年江苏徐州龟山一号墓出土臼、杵，青铜臼底部阴刻铭文："铜臼一重廿斤容五升四合"，青铜杵下端阴刻铭文："铜杵一重四斤三两"[1]。

▲青铜臼、杵出土场景

---

[1] 南京博物院：《铜山小龟山西汉崖洞墓》，《文物》1973年第4期。

第二章　青铜器的类型（下）

▲青铜臼、杵

## 三、青铜撮箕

1件。标本M1:1775，长26.5厘米、宽26.8厘米、高10厘米，出土于刘贺墓主椁室东室，伴出青铜熏炉、青铜鼎等。宽敞口，两侧壁较直，后壁弧曲，平底。通体鎏金。

▲青铜撮箕

091

## 四、青铜印

1件。标本M1:1045，印面长8.8厘米、宽7厘米，残高3.5厘米，出土于刘贺墓西藏椁南部，伴出青铜锅、青铜臼等。长方形印面，覆斗形印台，一角边框、印底有残损，所幸没有伤及印文。纽缺失，从残存方銎推断，可能为橛纽，使用时插入木柄。印面铸造朱文篆书"海"字，四周有边框，字腔深峻、字口垂直、字底平净，线条圆劲匀净，起讫处着意求取斩截直切的方笔意趣，其余徐舒缓转，有从容闲适、挺拔秀丽之美，带有汉代铸印的典型特征。

此印印面比汉制1寸见方的典型官、私印要大数倍，显然不是海昏侯国的官印，与存世的烙马印大小接近。比如，上海博物馆藏"常骑"印，印面7厘米见方；"夏骑"印，印面长8.5厘米、宽7.2厘米[1]，等等，因此专家们认为这是一方烙马印[2]。如果此论可信，则是汉代侯国烙马印的首次出土。

▲ "海"青铜印

---

[1] 郑志刚：《海昏侯墓出土汉印四题》，《中国美术》2016年第4期。
[2] 后晓荣：《海昏侯墓出土文物研究三则》，江西师范大学海昏历史文化研究中心编《纵论海昏——南昌海昏侯墓发掘暨秦汉区域文化国际学术研讨会论文集》，江西教育出版社，2016年。

## 五、青铜带钩

6件。刘贺墓、刘充国墓各出土3件。依造型,可以分为二型。

A型,3件。侧视呈S形,螭回首形钩首,钩颈细长,钩身正面隆起作琵琶形,背面近中部有一圆饼形纽。依装饰风格,可以分为二亚型。

Aa型,2件。标本M1:736-5,长20厘米,出土于刘贺墓西藏椁中部一件漆筒内,伴出青铜箭、漆箭、漆子奁等。素面。

Ab型,1件。标本M5-S-130,长20厘米,出土于刘充国墓内棺。钩面细线刻几何纹,镶嵌红玛瑙、绿松石。

B型,3件。标本M1:1658,长3厘米,出土于刘贺墓主椁室东室南部,系木俑佩饰,伴出玉具漆剑。侧视呈一只蹲伏的回首鸟形,钩首与钩身等长,钩首作回首长嘴鸟形,钩身肥大,背面近中部有一圆饼形纽。通体鎏金银,呈银白色。

此类带钩,个体小,可能是剑带钩。湖南省长沙市马王堆三号汉墓出土遣册竹简三四〇"剑带二双",出土物中包括2件青铜小带钩[1]。刘贺墓小型带钩与剑伴出,说明此类带钩可能是与剑带配套的专用钩。

▲ Aa型 青铜带钩

---

[1] 湖南省博物馆、湖南省文物考古研究所:《长沙马王堆二、三号汉墓》,第69页,第210页,文物出版社,2004年。

▲ Ab 型　镶嵌宝石青铜带钩

▲ 青铜带钩出土场景

▲ B型 青铜剑带钩

## 六、青铜卮

5件，造型相同，大小相近。标本M1:736-3，口径5.5厘米、高18.2厘米，出土于刘贺墓西藏椁中部一件漆笥内，伴出青铜带钩、银釦贴金彩绘漆子奁、漆卮等。呈圆筒形，直口，平底，腹中部饰宽带凸弦纹。配有一个子口漆木盖。

此类器物，西汉人称之为"卮"，用于贮存化妆品。《急就篇》云："镜奁疏比各异工，芬薰脂粉膏泽卮。"颜注云："膏泽者，杂聚取众芳以膏煎之，乃用涂发，使润泽也。卮者，本用竹卮，其后转用金玉杂物写竹状而为之，皆所以盛膏泽者也。"[1]刘贺墓内棺头厢出土3件鎏金青铜卮，伴出青铜簪。

▲ 青铜卮

---

[2] 张传官：《急就篇校理》，中华书局，2017年。

## 七、青铜哨

1件。标本 M1:935-6，长 8.1 厘米、宽 2.3 厘米，出土于刘贺墓西藏中部，伴出青铜镇、青铜熏炉等。整体为长扁状鸭形，鸭作回首状，长嘴，腹部有 2 个小孔供吹奏。通体鎏金，器身饰鳞纹和短斜线纹。

▲青铜哨

## 八、青铜刷柄

8件，刘贺墓一件漆笥内出土 5件，刘充国墓内棺头厢漆奁内出土 3件。造型相近，刘充国墓出土者通体鎏金，体量偏小。

标本 M1:732-3-8，出土于刘贺墓西藏椁中部一件漆笥内，伴出玉料和损伤的旧玉器等。平面呈长方形，中空，前端开口，以便插入刷体；末端有一小圆纽。

▲青铜刷柄

## 九、青铜圆雕虎

1件。标本 M5-S-99，长15厘米、高8.5厘米，出土于刘充国墓内棺，伴出青铜羊、野猪、骆驼等。圆雕，作抬头行走式，昂首睁目，张口露齿，屈肢垂尾，双耳披于脑后。双眼镶嵌玛瑙，颈部系项圈，四足底有可转动的小轮。设计巧妙，造型生动，制作精工。

▲ 青铜圆雕动物出土场景

▲ 青铜圆雕虎

## 第二章 青铜器的类型（下）

### 十、青铜圆雕羊

1件。标本 M5-S-96，长7厘米、高6厘米，出土于刘充国墓内棺。圆雕，作抬头伫立式，闭嘴，目视前方，大角内卷，双耳披于脑后，前肢直立，后肢并拢，微屈。

▲青铜圆雕羊

### 十一、青铜圆雕骆驼

1件。标本 M5-S-97，长4厘米、高4厘米，出土于刘充国墓内棺。圆雕，作抬头伫立式，闭嘴，背部有双峰，四肢直立。

▲青铜圆雕骆驼

### 十二、青铜圆雕野猪

1件。标本 M5-S-98，长7.5厘米、高2.5厘米，出土于刘充国墓内棺。圆雕，作抬头前行式，吻部前拱，獠牙外露，双目圆睁，四肢微屈，身躯肥硕。周身细线刻，以示猪毛。

▲青铜圆雕野猪

## 十三、青铜五铢钱

刘贺墓北藏椁五铢钱堆积如山，高约 1.3 米，共出土五铢钱 10 余吨、约 500 万枚，包括郡国五铢、元鼎五铢、昭帝五铢和宣帝五铢，郡国五铢数量极少，绝大多数为三官五铢。相当一部分钱串系有封检，钤有"昌邑令印"封泥，木匣上有墨书文字"海昏侯家钱五千"，内有一串五铢钱，共 5000 枚，每 1000 枚之间打一个绳结作计数标识，表明相当一部分五铢钱是从原昌邑王国带入海昏侯国，是刘贺受赐原昌邑王国财产的极好脚注。因此，在刘贺被封为海昏侯时，刘髆父子、两代昌邑王 30 多年所积攒的财物都被带到了海昏侯国，海

▲ 五铢钱出土场景

▲ 昌邑木封检

昏侯国因此就拥有了其他列侯都无法比拟的巨额财富。他死后，海昏侯国被废，昭示王侯身份的物品不能被子女继承，只能深埋地下，这便是刘贺墓出土铜钱居汉墓之首的主要原因[1]。徐龙国先生在古钱币史已有研究成果基础上根据西安上林三官铸钱遗址出土铭文钱范，归纳出陕西省西安市汉长安城上林三官五铢钱的基本特征[2]，我们认为是可信的。依据这一最新成果，刘贺墓出土五铢钱大致可以分为四型。

---

[1] 彭明瀚：《走近海昏——南昌汉代海昏侯国遗址博物馆概览》，第 159—173 页，江西人民出版社，2023 年。
[2] a. 徐龙国：《汉长安城地区铸钱遗址与上林铸钱三官》，《考古》2020 年第 10 期。
　　b. 徐龙国：《西汉上林三官铭文范模研究》，《考古》2021 年第 12 期。

第二章　青铜器的类型（下）

　　A 型，元狩五铢，又叫郡国五铢。钱文"五铢"二字篆书，字体粗壮，"五"字交笔斜直或有弯曲，"铢"字"金"旁头较小，似箭镞，"朱"头方折。正面有轮无廓，背面则轮廓俱备。钱径 2.5 厘米、穿径 0.9 厘米，重约 3.5-4 克。由于各郡国铸造技术水平有高低，铜矿的成分有差别，所以铸成的五铢钱差别很大，轻重不一，大小不等，制作工艺参差不齐，有的工艺粗糙，或钱文模糊，或钱廓留有毛刺，有的与半两一样，背平无轮廓，有的穿孔大，肉薄，也有肉厚者；字体结构、笔划大小粗细、笔锋及防伪记号多样，有穿上半星、穿下半星、穿上横廓、穿下横廓、四角决文等几十种记号；更有错版五铢，"铢"字的"金"旁或倒写，或笔画残缺。刘贺墓西藏椁 1 件漆笥内出土阴刻隶书"昌邑"款五铢钱滑石范，系铸钱母范，钱径 2.5 厘米，与出土五铢钱合范，应该是原山阳郡设在昌邑城铸钱作坊所使用的石范，后来成为刘贺的藏品，是山阳郡铸造五铢钱的物证。

▲ 昌邑五铢钱滑石范　　　　　　　　▲ A 型　错版郡国五铢钱

101

▲ A 型　郡国五铢钱

## 第二章　青铜器的类型（下）

B 型，元鼎五铢，枚重五铢，形制规整，重量标准，铜质优良，铸造工艺精美，内外廓坚挺匀称。钱文篆书阳文"五铢"两字，严谨规矩，笔画粗细一致，"五"字交笔较直，呈三角形，上下与两横笔交接处略向内收。"铢"字的"金"旁头部呈三角形，下划为四竖线，"朱"旁头部方折，下垂笔圆折，头和尾与"金"旁齐平。钱径2.5 厘米、穿径 1 厘米，重约 3.5 克，廓厚 0.15—0.2 厘米，宽 0.1—0.14 厘米，深峻平整，连接钱肉的一面垂直。穿孔记号主要为穿上横，也有无记号或穿下半星、穿上半星、四角决纹者。

关于上林三官五铢，在《史记·平准书》及《汉书·食货志》中几乎相同，均载："其后二岁（即元鼎四年，公元前 113 年），赤仄钱贱，民巧法用之，不便，又废。于是悉禁郡国毋铸钱，专令上林三官铸。钱既多，而令天下非三官钱不得行，诸郡国前所铸钱皆废销之，输入其铜三官。"[1] 刘贺墓出土大量带有"昌邑令印"木封检的 A 型五铢钱，其中相当一部分铸工粗糙，质量差，甚至有错版者，说明元鼎五铢钱发行后，原有的郡国五铢钱并没有全部销毁，"昌邑令印"木封检足以证明其在刘贺生活的昭、宣时期仍然在市场流通，且是合法地流通。另有一些"郡国五铢"式五铢，按过去的鉴别标准，应该归入郡国五铢钱，但铸造精工，钱文规范，与过去总结的元鼎五铢特征相比，外观上除特殊记号外，并无二致。此类五铢钱与西安上林三官铸钱遗址出土早期钱范带有四角决纹和穿下星 2 种记号或无记号的现象可互证，说明元鼎年间早期所铸五铢，仍保留了少数几种记号，刘贺墓出土 B 型五铢钱，为我们认识元鼎五铢钱提供了大量珍贵实物资料[2]。

▲B 型　元鼎五铢钱

---

[1]《汉书》卷二十四上，《食货志》，中华书局，1962 年。
[2] 徐龙国：《西汉上林三官铭文范模研究》，《考古》2021 年第 12 期。

C型，昭帝五铢，大小和三官五铢相同，铜色深红，铸造技术比三官五铢略显粗糙，记号只有穿上横一种。钱文"五"字变化较大，一般字形瘦长，"五"字两边交笔缓曲，两股末端有明显的收敛，上下横有的较长，与外廓相接；"铢"字"金"旁头部呈三角形，略低于"朱"旁，下划为四竖线。"朱"旁头部方折，下垂笔圆折。

▲C型　昭帝五铢钱

D型，宣帝五铢，钱文"五铢"二字笔锋挺拔秀丽，"五"字交笔弯曲，一般上横、下横超出交笔末端之外，呈两个子弹相对形。"铢"字的"金"旁头部呈等腰三角形或箭镞形，下划多为四点，略低于"朱"旁，"朱"旁多数上折下圆，也有少数上、下均方折或带圆意。钱径约2.5厘米、穿径1厘米、廓厚0.15厘米，重约3.4克。

▲D型　宣帝五铢钱

## 十四、青铜削

1件。标本 M1:11-3，通长 21.4 厘米、宽 3 厘米，出土于刘贺墓西藏椁北部一件漆笥内。整体呈长条形，环首近椭圆形，环下端接一长柄，柄为扁条状，近柄末端呈圆弧形。

▲青铜削

## 十五、青铜簪

4件，造型相同，大小相近。标本 M1∶1878-4，长 16.7 厘米、直径 0.7 厘米，出土于刘贺墓主棺头厢。中间呈细圆柱状，两端稍尖。通体鎏金。

▲青铜簪

## 十六、青铜筹

20 枚，造型相同，大小相近。呈细圆柱体，出土于刘贺墓西藏椁中部一件昌邑九年漆笥内，伴出木筹、漆长方形研、漆博局等。标本 496①-9，长 13.5 厘米。

西汉算数用算筹，通常是细小竹、木棒，当时称"筹"，《说文解字》云："筹，长六寸，计历数者。"[1]《汉书》云："算法用竹，径一分，长六寸，二百七十一枚而成六觚，为一握。"[2] 刘贺墓出土青铜筹，长度约合汉制六寸，与《汉书》相关记载相符。西汉算筹，时有出土。比如，陕西省千阳县西汉墓出土骨筹，长 13.5 厘米[3]；湖北省江陵凤凰山 168 号西汉墓一件竹笥中出土竹算筹 30 枚、木算筹 5 枚以及笔、墨、研、牍、铜权、衡杆等文书工具，伴出遣册称"计笥一合"[4]；广东省广州市西汉南越王墓出土

---

[1] 许慎撰、段玉裁注：《说文解字注》五篇上，《竹部》，上海古籍出版社，1981 年。
[2] 《汉书》卷二十一上，《律历志》第一上，中华书局，1962 年。
[3] 宝鸡市博物馆等：《千阳县西汉墓中出土算筹》，《考古》1976 年第 2 期。
[4] 湖北省文物考古研究所：《湖北江陵凤凰山西汉墓发掘简报》，《考古学报》1993 年第 4 期；钟志成：《江陵凤凰山 168 号西汉墓出土一套文书工具》，《文物》1975 年第 9 期。

博具五六套，象牙算筹若干[1]；湖南省长沙市马王堆三号汉墓出土遣册竹简三一九"象箸卅枚"，一件漆博具盒中存放了30枚象牙算筹，说明算筹在当时称为"箸"[2]；江苏省徐州市后山汉墓M1出土4件青铜博山镇，呈长方形四角放置，方形区域内有锡、铅算筹8根[3]。刘贺墓出土青铜筹为我们认识西汉筹增添了一种新的材质，多种材质筹的发现，足以说明西汉时期筹的普及程度。

▲青铜筹　　　　　　　　　　　　　▲漆博局

## 十七、青铜合页

3件，属于漆器构件，孔子徒人图漆衣镜匣的镜掩与镜框就是用这种合页连接。标本M1:562-25，通长9厘米、宽2厘米、厚0.8厘米，出土于刘贺墓西藏椁中部，伴出青铜镇、青铜熏炉等。每页作长方形，空心，可通过中轴转动折叠，打开时，中间为圆柱状，两侧为长条状。对折时，一端为圆柱状，另一端为长条状。

▲青铜合页

---

[1] 广州市文物管理委员会等：《西汉南越王墓》上册，第140页，文物出版社，1991年。
[2] 湖南省博物馆、湖南省文物考古研究所：《长沙马王堆二、三号汉墓》，第165—166页，文物出版社，2004年。
[3] 徐州博物馆：《江苏徐州后山西汉墓发掘简报》，《文物》2014年第9期。

## 十八、青铜钩

5件,造型相同,大小相近,出土于刘贺墓主椁室东室棺柩边。标本M1:1808,长23.5厘米、高5.5厘米。作回首行龙式,昂首、细颈、长身,四肢作爬行状,龙尾曲折成钩。通体鎏金,构思巧妙,造型独特。

## 十九、青铜配件

刘贺墓出土了近3000件漆器,外藏椁车马坑出土漆木质车、案、笥,其中相当一部分附有青铜配件,包括盖纽、铺首、器座、器足、铜釦、包首、包角、泡钉等。

▲ 鎏金青铜龙形钩

▲ 青铜座博山形玉瑟枘

第二章 青铜器的类型（下）

▲青铜釦玉盖 　　　　　　　　　　　▲青铜盖纽

▲青铜座漆杯　　　　　　　　　　　▲青铜案足

吉金海昏——刘贺墓园出土青铜器

▲ 青铜樽足

▲ 青铜包角

▲ 青铜铺首衔环

## 第二节

# 青铜度量衡器

刘贺墓园出土青铜度量衡器共 12 件（套），包括斛、斗、小量、累和环权 5 种，是西汉墓葬出土青铜度量衡器数量最多、品种最全的一次，为我们研究西汉度量衡制度提供了重要实物资料。

### 一、青铜斛

1 件。标本 M1:955，口径 35 厘米、底径 34.5 厘米、腹深 21.3 厘米，出土于刘贺墓东藏椁南部，伴出青铜鼎、青铜壶、青铜锅等。呈圆桶形，敞口，直壁，平底，腹壁中部有对称圆柱状短柄。腹外壁铸造阳文篆书铭文"昌邑私府斛容十斗"。

类似青铜量，有自铭为"斛"者。比如，相传清末出土于山西省的新莽时期湿仓平斛，阴刻隶书铭文"湿仓铜十斗斛重五十八斤始建国天凤元年三月"，实测容量为 19100 毫升[1]，始建国天凤元年即公元 14 年；1953 年甘肃省古浪县陈家河台子出土建武大司农青铜斛，斛外壁阴刻篆隶体铭文"大司农平斛建武十一年正月造"，实测容量为 19600 毫升，折合汉制约 10 斗[2]，建武十一年即公元 35 年。西汉量器，自合以上采用十进制。《汉书·律历志》云："量者，龠、合、升、斗、斛也，所以量多少也……

---

[1] 张德光：《湿仓平斛》，《文物》1963 年第 11 期。
[2] 全国基本建设工程中出土文物展览会工作委员会：《全国基本建设工程中出土文物展览图录》，图 144，中国古典艺术出版社，1956 年。

## 吉金海昏——刘贺墓园出土青铜器

合龠为合,十合为升,十升为斗,十斗为斛,而五量嘉矣。"[1] 昌邑青铜斛,标明容量为"十斗",经实测,容量约 19000 毫升,容量与新莽时期的湿仓平青铜斛接近。杨哲峰先生认为,容十斗的斛自新莽时期开始出现[2],刘贺生活时代比新莽时期要早数十年,刘贺墓出土昌邑青铜斛,属于目前所见时代最早的十斗斛,为我们认识西汉青铜量具的演变提供了难得的实物资料。

▲ 昌邑青铜斛

---

[1]《汉书》卷二十一上,《律历志》第一上,中华书局,1962年。
[2] 杨哲峰:《两汉之际的十斗与石斛》,《文物》2001年第3期。

## 二、青铜斗

1件。标本 M1:409，口径 19 厘米、底径 16.2 厘米、腹深 8.7 厘米、高 9 厘米，容量约 2000 毫升，出土于刘贺墓东藏椁北部，伴出青铜鼎、青铜壶、青铜鋗、青铜尊缶、青铜折腹盆等。呈圆桶形，敞口，圆唇，斜直壁，平底。口沿外有加厚宽边，腹中部有三周弦纹，一侧有鼻纽。西汉 10 升为 1 斗，1 升约合 200 毫升，此量折合汉制 1 斗[1]。

▲青铜斗

此类铜量，有自铭为"斗"者。比如，1989 年山东省嘉祥县舒挑河乡周村铺出土永平大司农青铜斗，斗外壁阴刻隶书"南武阳大司农平斗永平五年闰月造"，实测容量为 2000 毫升，永平五年即公元 62 年。

## 三、青铜小量

2套。依造型、大小，可以分为二型。

A 型，一套 5 件，造型相同，容量不同。敞口，斜壁、平底，长条形柄，环首，盛放在刘贺墓内棺一件漆笥内，经实测，5 件小量容量分别为 0.5 毫升、1 毫升、2 毫升、10.4 毫升、24 毫升，折合汉制 1 圭、2 圭、1 撮、1 龠、1 合又小半龠。

▲A 型 青铜小量

---

[1] 曹建国、聂萍：《山东嘉祥出土东汉"南武阳大司农平斗"》，《考古与文物》1996 年第 1 期。

标本 M1:1878-1-9，青铜圭，口径 0.8 厘米、底径 0.7 厘米、柄长 6.1 厘米、通长 6.9 厘米，容量 0.5 毫升。西汉量器，自合以下单位分别为龠、撮、圭，进位不整齐，分别相当于 10 毫升、2 毫升、0.5 毫升，4 圭为 1 撮，5 撮为 1 龠，2 龠为 1 合[1]。此量容 0.5 毫升，为圭，《汉书·律历志》云"度长短者不失毫厘，量多少者不失圭撮，权轻重者不失黍累"[2]，说明"圭"是最小的容器量值单位。

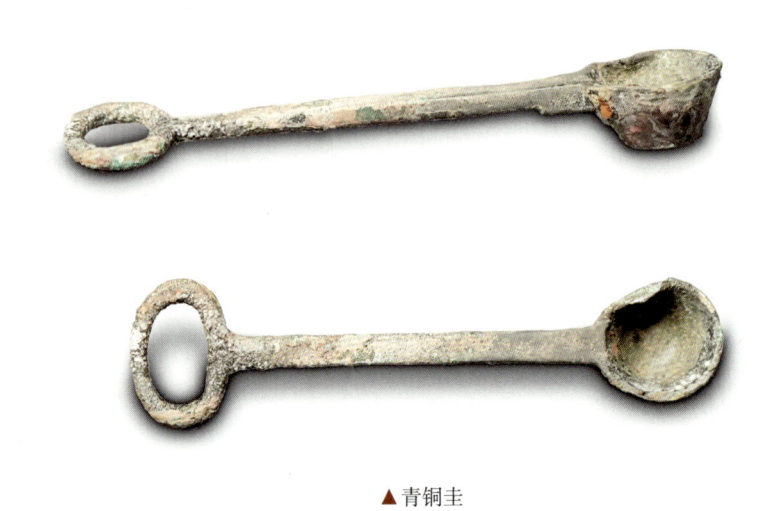

▲青铜圭

标本 M1:1878-1-6，青铜撮，口径 2.1 厘米、底径 1.5 厘米、柄长 10.7 厘米、通长 12.8 厘米，容量 2 毫升。

类似青铜撮，有自铭为"撮"者。比如，1956 年河南省陕县刘家渠刘伟墓出土新莽始建国元年（9 年）青铜撮，外壁阴刻篆书"律撮方五分而圜其外庣旁四毫冥柑分五厘深四分积百六十二分容四圭"。经实测，容量为 2.07 毫升[3]，由此可知，1 圭容量为 0.5 毫升。

---

[1] 丘光明等：《中国科学技术史》度量衡卷，第 212—230 页，科学出版社，2001 年。
[2]《汉书》卷二十一上，《律历志》第一上，中华书局，1962 年。
[3] 黄河水库考古队：《一九五六年河南陕县刘家渠汉唐墓葬发掘简报》，《考古通讯》1957 年第 4 期。

第二章　青铜器的类型（下）

▲青铜撮

标本 M1：1878-1-4，青铜龠，口径 3.1 厘米、底径 2.6 厘米、柄长 13 厘米、通长 16.8 厘米，容量 10.3 毫升。

类似青铜龠，有自铭为"龠"者。比如，1970 年，咸阳市底张湾公社布里大队发现新莽始建国元年（9 年）青铜龠，龠柄正面阴刻篆书"律量龠方寸而圜其外庣旁九豪冥百六十二分深五分积八百一十分容如黄钟"。经实测，容量为 9.9 毫升[1]。

▲青铜龠

[1] 咸阳市博物馆：《咸阳市近年发现的一批秦汉遗物》，《考古》1973 年第 3 期。

B型，一套3件，造型相同，容量不同。标本M1:538-15，口径4.2厘米、底径2.6厘米、柄残长5.3厘米、通长9.5厘米，容量14毫升，敞口，斜壁，平底，条形短柄略残，出土于刘贺墓西藏椁中部一件漆笥内，伴出青铜盖弓帽、青铜矛等。标本M1:933-1-1、标本M1:933-1-2，2件小量散落在标本M1:538漆笥下方竹简堆内。3件小量容量分别为6.7毫升、10毫升、14毫升，折合汉制大半龠、1龠、1龠又小半龠。

▲ B型 青铜小量

标本M1:933-1-2，铜大半龠，口径3.1厘米、底径2.7厘米、柄长7.1厘米、通长10.2厘米，容量6.7毫升。类似青铜小量，有自铭为"大半龠"者[1]，大半龠即2/3龠，刘贺墓出土青铜量，经实测，容量为6.7毫升，相当于汉制2/3龠。

▲ 青铜大半龠

---

[1] 罗振玉：《贞松堂集古遗文》卷十三，北京图书馆出版社，2003年。

## 四、青铜累

6件，造型相近，大小有差异，呈半球形，平底，顶部设桥纽。此类衡器，有自铭为"累"者。比如，国家博物馆藏西汉青铜累，阴刻篆隶体"官累重斤十两"[1]。依形态，可以分为二型。

A型，官家平青铜累，1件。标本M1:865，直径8.6厘米、高5.5厘米，重1280克，出土于刘贺墓西藏椁南部，伴出漆秤杆。通体髹漆，器表铸造阳文篆隶体"官家平"，表明此累是汉政府统一颁发的官方标准衡器，四川成都、大足等地出土"汶江市平""成都市平"铭文汉代铁权[2]，作用相同，都是说明这些累是官方标准衡器。据《汉书》记载，汉政府颁发的官方标准衡器为铜质，"凡律、度、量、衡用铜者，各自名也，所以同天下，齐风俗也。铜为物之至精，不为燥湿、寒暑变其节，不为风雨、暴露改其形，介然有常，有似于士君子之行，是以用铜也。"《汉书》又云："权者，铢两斤钧石也，所以称物平施，知轻重也。本起于黄钟之重，一龠容千二百黍，重十二铢，两之为两。二十四铢为两。十六两为斤。三十斤为钧。四钧为石。""今广延群儒，博谋讲道，修明旧典，同律，审度，嘉量，平衡，均权，正准，直绳，立于五则，备数和声，以利兆民，贞天下于一，同海内之归。"[3]国家博物馆藏东汉青铜累，阴刻隶书"官平秤槌重一斤八两"[4]，专家们据此认为，汉代已经出现了杆秤。刘贺墓青铜累与漆秤杆的出土，比陕西省眉县东汉墓出土铁累、木杆秤时代更早，以实物证明有关汉代已经出现了杆秤的推论是可信的。

---

[1] 罗振玉：《贞松堂集古遗文》卷十三，北京图书馆出版社，2003年。
[2] 张勋燎：《杆秤的起源发展和秦权的使用方法——兼论四川、河南出土的汉权》，《四川大学学报》（哲学社会科学版）1977年第3期。
[3]《汉书》卷二十一上，《律历志》第一上，中华书局，1962年。
[4] 李博：《馆藏东汉重一斤八两铜权》，《中国历史博物馆馆刊》总第17期，文物出版社，1992年。

吉金海昏——刘贺墓园出土青铜器

▲A型　官家平青铜累

▲漆秤杆

第二章　青铜器的类型（下）

B型，铅累，一套5件，造型相同，大小相次。标本M1:919-2-1，属于其中最大一件，直径3.6厘米、高2.3厘米，重103.5克，出土于刘贺墓西藏椁中部一件昌邑十一年漆笥内，伴出铁书刀。

▲昌邑十一年漆笥

▲B型　铅累

## 五、青铜环权

2套12件，每套6件，造型相同，大小相次，出土于刘贺墓西藏椁中部一件昌邑九年漆笥内，伴出玉石器、青铜器。12件青铜环权，依造型、大小、重量，可以分为2套，量值略有差别，其中一套重量分别为245.7克、120.9克、59.7克、30克、13.9克、3.56克，折合汉制1斤、8两、4两、2两、1两、5铢，最重者与同墓所出饼金重量接近，最小者与同墓所出五铢钱等重[1]，说明过去学术界认为成套环权是与等臂天平配套用于称钱的衡器这一判断是可信的[2]。

▲昌邑九年漆笥

标本M1:732-3-38，外径5.1厘米，重245.7克。圆环形，阴刻篆书"大刘一斤"。"大刘"并没有特别意义，仅指刘姓而已，刘贺墓出土青铜锤铭文有"大周"，漆器铭文有"巨王"款，玉器有"大刘"玉印。西汉墓葬出土器物铭文"大+姓氏"者，时有发现。比如，安徽省天长县三角圩桓氏家族墓地出土4件漆案，底部有"大桓"款[3]；巢湖市放王岗西汉吕柯墓出土的2件漆耳杯，外底刻划有"吕""大吕"款[4]；江苏省扬州市邗江县胡场2号汉墓出土漆耳杯外底有"大张"款[5]；扬州市东风砖瓦厂4号汉墓出土漆耳杯内底有"大皇"款[6]；等等。这些都是用于标明器主或生产作坊，说明在姓氏前冠"大"与刘贺的皇族身份之间无必然关联，不必过度解读[7]。"大刘一斤"青铜环权，只能说明这套衡器是刘贺侯府所定制，与同墓所出官家平青铜累由汉政府颁发不同。

---

[1] 彭明瀚：《走近海昏》，第158—173页，江西人民出版社，2023年。
[2] 丘光明：《我国古代权衡器简论》，《文物》1984年第10期。
[3] 安徽省文物考古研究所、天长县文物管理所：《安徽天长县三角圩战国西汉墓出土文物》，《文物》1993年第9期。
[4] 安徽省文物考古研究所、巢湖市文物管理所：《巢湖汉墓》，第53页，文物出版社，2007年。
[5] 扬州博物馆、邗江县文化馆：《扬州邗江县胡场汉墓》，《文物》1980年第3期。
[6] 扬州博物馆：《扬州东风砖瓦厂汉代木椁墓群》，《考古》1980年第5期。
[7] 辛德勇：《说"大刘"》，辛德勇著《海昏侯新论》，生活·读书·新知三联书店，2019年。

第二章　青铜器的类型（下）

▲大刘青铜环权

吉金海昏——刘贺墓园出土青铜器

## 第三节

# 青铜车马器

　　刘贺墓园出土青铜车马器分布在墓内西藏椁中部、甬道和其两侧的南藏椁以及墓外藏车马坑三处[1]，构成了一个墓内外车马齐备、真车实马和偶车马并存的完整车马陪葬体系。西藏椁中部一件漆笥内出土盖斗饰、盖弓帽、杠箍等；甬道和其两侧的南藏椁陪葬6辆偶车马，属于明器性质。外藏车马坑，在面积约80平方米的坑内埋藏了5辆真车和若干匹活马，大多数车马器存放在漆笥内，集中堆在坑西南部，部分车马器散落在车马周围，共出土4000多件青铜质、银质、铁质车马器，以青铜车马器为主，包括盖斗饰、盖弓帽、杠箍、承弓器、轭首、軥、軬、衡末饰、軓饰、车䡅、车辖、笠毂、軫饰、三叉形器之类车器，当卢、马珂、方策、节约、辔饰、镳、马衔、泡、环之类马器，共23种[2]。根据出土文物，结合《后汉书·舆服志》等相关文献记载以及西汉王侯墓陪葬车马坑考古发现，我们认为刘贺墓车马坑随葬的不一定都是安车，大致包括安车、轺车、立车、猎车、小车等。这些铜、银、铁质车马器，种类齐全，式样多变，采用错金银、鎏金、鎏金银合金、双色鎏金等装饰手法，制作工艺精湛[3]。

---

[1] 江西省文物考古研究所等：《南昌市西汉海昏侯墓》，《考古》2016年第7期。
[2] 车马坑出土文物分4000多个标本号，相当数量的文物有待修复，考古简报还没有发表。本研究依据江西省文物考古研究院向我馆移交的文物展开，仅分型分式，不统计具体件数，详细数据以今后正式发表的考古报告为准。偶车马归入明器部分介绍。
[3] 黄希等：《南昌西汉海昏侯墓车马坑出土车马器研究性保护修复》，《南方文物》2021年第6期。

122

▲ 车马坑西南部考古场景

▲ 车马坑正射图

## 一、青铜盖斗饰

先秦两汉的车盖一般为伞形,其柄称杠,分2节,上段称达常,下段称桯。达常顶端膨大部分称盖斗,又名部,盖斗饰则是车盖外与盖斗套接的构件。依造型,可以分为二型。

A型,圆筒形,平顶,下端有銎,近顶部有数周弦纹。标本M1:538-3,顶径3.2厘米、底径3.8厘米、长9厘米,出土于刘贺墓西藏椁中部一件漆笥内,伴出青铜盖弓帽、衡末饰、车軨饰等车器。

▲A型 青铜盖斗饰

B型,圆筒形,顶端呈四瓣花形,中间有花蕊,底端为管形銎。标本K1:1399,顶径2.1厘米、底径1.2厘米、长3.1厘米。通体鎏金银,因合金中银的比例偏高,器表呈浅黄色。

C型,圆筒形,顶端呈四瓣花形,底端为管形銎。标本12XGDK1:1380,顶径2.3厘米、底径1.6厘米、高4厘米。通体鎏金。

▲B型 青铜盖斗饰

## 二、青铜盖弓帽

盖弓帽是安装在车盖弓、帷幄盖弓前端,用于固定盖面的构件。一般作圆管形,顶部为圆形,中部为一个突起的棘爪,名蚤,用于钩住盖面边缘以便撑开它。依造型和装饰风格,可以分为三型。

▲C型 青铜盖斗饰

第二章　青铜器的类型（下）

A 型，器身为圆管形，帽顶呈喇叭状，平顶，管的中腰偏上部有一倒刺形棘爪，底端有圆銎。标本 M1:538-4，顶径 2.7 厘米、底径 1.3 厘米、高 9 厘米，出土于刘贺墓西藏椁中部一件漆笥内，伴出青铜盖斗饰、衡末饰、车轵饰等车器。

B 型，顶端呈四瓣花形，中间有凸出的花蕊，下端为圆銎。管形銎一侧伸出一个倒刺形棘爪。通体鎏金。标本 K1:35，顶径 2 厘米、底径 0.8 厘米、长 6.6 厘米。

C 型，顶端呈四瓣花形，中间有凸出的花蕊，下端为曲折管形茎，与花底连接一段较细，枝上有锯齿状突起，后段较粗，一侧伸出一个倒刺形棘爪，末端有管形銎。通体鎏金。标本 K1:1360，顶径 2.8 厘米、底径 0.9 厘米、长 7 厘米。后段管饰错金银狼逐鹿图案。

《后汉书·舆服志》云"皇太子、皇子皆安车，朱班轮，青盖，金华蚤，黑虡文，画轓文辀，金涂五末。皇子为王，锡以乘之，故曰王青盖车"，注引徐广曰"金华施橑末"[1]，所描述的应该是 C 型盖弓帽，属于安车伞盖的配件，也就是说，车马坑中包括刘贺做昌邑王时所乘坐的安车。

▲A 型　青铜盖弓帽

▲B 型　青铜盖弓帽

▲C 型　青铜盖弓帽

---

[1]《后汉书》志第二十九，《舆服上》，中华书局，1980年。

## 三、青铜杠箍

杠箍是车盖柄的构件,用于连接达常与桯,把达常从杠箍中拨出,就可以取下车盖。圆管形,两端有圆銎,一般饰3周凸箍。标本K1:383,长31.6厘米、口径4.5厘米。通体鎏金。

▲ 鎏金青铜杠箍

## 四、青铜轭首

轭首是安装在车轭顶端的构件。圆筒形,封顶,末端有圆銎,中腰起凸箍一周。依装饰风格,可以分为二型。

A型,标本K1:536,口径3.7厘米、高4.2厘米。通体鎏金。

B型,标本K1:326,口径4厘米、高4.8厘米。筒面用金银丝嵌错出鹿、兔图案,衬以山峦、云气纹;顶面用金银丝嵌错出敛翅开屏的回首凤鸟。

# 第二章　青铜器的类型（下）

▲A 型　青铜軏首 　　　　　　　　▲B 型　错金银青铜軏首

## 五、青铜軥

軥是安装在车轭末端的构件，又称轭足，左右各一，往往成对出土。似勾，弯曲有弧度，前端弧面浮雕或错金银兽首形，眼眶凸出，鼻梁粗直，下巴内收成鋬，中空。末端作三齿形，有一个销钉孔。分鎏金、鎏金银和错金银三种装饰工艺。标本K1∶796，长11.5厘米、宽3.5厘米、高7.7厘米。通体鎏金。标本K1∶75，长9厘米、宽7.2厘米。通体鎏金银。

▲鎏金青铜軥 　　　　　　　　▲错金银青铜軥

## 六、青铜车轙

车轙是嵌入车轭两侧车衡上用来贯通辔绳的环,一辆安车,架 4 匹马,车衡上安 4 只车轭,与之配套的车轙需要 5 个。依造型,大体可分为四型。

A 型,呈拱形,两脚外折。标本 K1:275,宽 4.6 厘米、高 4.7 厘米。通体鎏金。

B 型,呈拱形,两脚下有长条形座连接。标本 K1:770,宽 9 厘米、高 5.6 厘米。通体鎏金。

C 型,呈拱形,顶部作 M 形,底部连在一起。标本 K1:510,宽 9.1 厘米、高 6.9 厘米。通体鎏金。

D 型,呈拱形,顶部饰镂空云纹,底部连在一起。标本 K1:773,宽 4.4 厘米、高 4.5 厘米。通体鎏金。

▲ 车轙与车衡出土场景

▲青铜车轙

## 七、青铜衡末饰

衡末饰是安装在车衡两端的构件，用于保护车衡。圆筒形，封顶，末端有圆銎，中腰起凸箍一周。依装饰风格，可以分为二型。

A 型，标本 M1:538-9，口径 1.8 厘米、长 4.8 厘米，出土于刘贺墓西藏椁中部一件漆笥内，銎内残留朽木，伴出青铜盖弓帽、盖斗饰、杠箍、车轪饰等车器。

B 型，标本 K1:439，口径 2.4 厘米、长 9.4 厘米。筒面用金银丝嵌错出层峦叠嶂、林木茂密、祥云缭绕、百鸟朝凤、龙腾虎跃、猎犬飞驰、鹿奔兔窜的景象，顶面用金银丝嵌错出龙纹。

吉金海昏——刘贺墓园出土青铜器

▲A型 青铜衡末饰

▲B型 青铜衡末饰

## 八、青铜軏饰

车辕前端颈外的顶端称軏,安装在此起加固和装饰作用的配件称軏饰。刘贺墓殉葬车,均为双辕车,軏饰成对出土。依造型和装饰风格,可以分为三型。

A型,龙首长且直,圆銎中空。长嘴微启,双目突出;宽鼻高耸,棱角分明;双耳如叶,贴于两侧。两角合延至前额,如"Y"形,额端有椭圆形槽,颈部延伸为銎,项下有一环纽。标本 K1∶1337,长 12.6 厘米、銎径 1.9 厘米。通体鎏金。

▲A 型 鎏金龙首青铜軏饰

这种銎径不到 2 厘米的小型青铜軎饰，可能与 D 型青铜车軎属于一套，是小车上的配件，说明该坑埋葬的 5 辆车，其中包括轺车之类小车。从考古发现来看，殉葬真车马的西汉诸侯王墓，一般出土小车。比如，河北省满城县中山靖王刘胜夫妇墓出土车 10 辆，其中小车 2 辆[1]；山东省淄博市临淄区西汉齐王墓 3 号陪葬坑出土车 4 辆，其中小车 1 辆；曲阜市九龙山鲁王、后墓出土车 12 辆（包括小车）；山东省长清县双乳峰济北王刘宽墓出土车 5 辆，其中小车 2 辆；河北省定县中山王刘修墓出土车 3 辆，其中小车 1 辆[2]。

B 型，长条兽首形，方銎中空；眼球外凸，鼻梁挺直，两侧以卷云纹作鼻孔，张口露齿，两侧各有一尖齿，双耳呈叶形，紧贴于两侧，颈部延伸为銎，近銎处对穿 2 个长方形镂孔，便于与车辕固定。标本 K1:257，长 17.5 厘米、宽 10.1 厘米、厚 6.8 厘米。通体鎏金。

▲ B 型　鎏金兽首青铜軎饰

[1] 贾叶青：《满城汉墓出土车马器探析》，《收藏家》2020 年第 7 期。
[2] 郑滦明：《西汉诸侯王墓所见的车马殉葬制度》，《考古》2002 年第 1 期。

C型，扁长方形，中空，方銎，近銎处对穿 2 个长方形镂孔，便于与车辕固定。标本 K1:438，长 25.2 厘米、宽 8.3 厘米、厚 3.9 厘米。通体鎏金。

## 九、青铜承弓器

承弓器是装置在车厢的前栏上用于架弩的器具，两件一组，往往成对出土。长方形扁筒器身，末端有长方形銎，前端作内弧形，下部向斜上方弯曲伸出兽首，通体鎏金或鎏金银。标本 K1:358，通长 20.6 厘米。通体鎏金。

孙机先生认为此物为承弩，其功能不是用于架弓，而是用于张弩，将弓弣卡在此物的凹槽中，向斜上方用力拉弦，使之钩在牙上，再沿兽首颈部的抛物线向前一推，则退弩、擎臂、扣扳机、发箭的几个动作就可连续完成[1]。

▲C型　鎏金青铜軜饰

▲青铜承弓器

## 十、青铜车䡇

车䡇是安装在车轴两端用于括约和保护轴头的构件，左右各一，往往成对出土。呈圆管形，两端有圆銎，外端较细，内端近毂处较粗，䡇身近内端处对穿一孔，插入车辖、穿过车轴，用于固定车䡇。依造型和装饰风格，可以分为四型。

---

[1] 孙机：《汉代物质资料图说》(增订本)，第 167 页，上海古籍出版社，2016 年。

A 型，标本 K1:328，内端径 7 厘米、外端径 5.5 厘米、长 9.5 厘米。軎身中间饰一周宽带凸弦纹。通体鎏金，内端面刻画"住""×"。

B 型，标本 K1:738，内端径 6.8 厘米、外端径 4.1 厘米、长 7.5 厘米。軎身中间饰二周凸箍。通体鎏金。

C 型，标本 K1:225，内端径 6.8 厘米、外端径 5 厘米、长 7.2 厘米。軎身中间饰一周凸箍，外端卷沿，一侧外折出一钩。通体鎏金。

D 型，标本 K1:1342，内端径 4.8 厘米、外端径 2.8 厘米、长 4.4 厘米。軎身饰浮雕兽面纹。通体鎏金。

▲ A 型　鎏金青铜车軎

第二章 青铜器的类型(下)

▲B型 鎏金青铜车軎

▲C型 鎏金青铜车軎

▲D型 鎏金青铜车軎

135

## 十一、青铜笠毂

车轴饰，插在车毂与车厢底部之间车轴上起间隔作用，以免车轴遭泥水侵蚀，左右各一，往往成对出土。依造型和装饰风格，可以分为三型。

A型，器身扁平，前端正面鼓起，饰高浮雕兽面，眼眶分明，眼尾细长，双目凸出；长鼻，两侧以卷云纹作鼻孔；脸颊鼓起；额头较宽，平缓后斜，双耳后披。背面内凹，后端为扁长方形垫片。通体鎏金或鎏金银。标本K1:774，通长7.6厘米、宽6厘米。通体鎏金银。

▲A型 青铜笠毂

B型，器身扁平，前端正面鼓起，饰浮雕兽面，眉眼清晰，长鼻，双耳后披。背面内凹。后端为扁长方形垫片。标本K1:72，长12.6厘米、宽6.4厘米。

▲B型 青铜笠毂（正反面）

C 型，器身扁平，前端正面近似半圆形且凸起，后端平顶上伸出一扁长方形垫片。背面内凹。依装饰风格，可以分为二亚型。

Ca 型，标本 12XGDK1:533，长 9.6 厘米、宽 5.8 厘米。通体鎏金。

Cb 型，标本 K1:273，长 7.9 厘米、宽 4.1 厘米。前端饰错金银兽面纹，突目圆睛，大鼻露孔，阔口巨齿，衬以云气纹。

▲Ca 型　青铜笠毂

▲Cb 型　青铜笠毂

## 十二、青铜轸饰

轸饰是安装在车厢轸部的构件。标本 M1:538-11，边长 11.7 厘米、宽 1 厘米，出土于刘贺墓西藏椁中部一件漆笥内，伴出青铜盖斗饰、盖弓帽等车器。曲尺形，外侧边缘凸起。

## 十三、青铜三叉器

标本 12XGDK1:113，通长 35 厘米。铜铁合铸，圆杆两端为青铜质，中间为铁质。前端浑铸一带圆穿的活纽，末端分三叉，近分叉处置一鼻纽。通体鎏金。

河南省永城市芒砀山西汉梁王陵墓地柿园汉墓一、三、四号车车衡附近各出土 2 件鎏金青铜顶形器和三齿形器，銎内残存朽木[1]。刘贺墓园车马坑出土三叉形器后，让我们认识到二者实际上是同一件器物的部件，中间以木杆连接。前端安装在车辕上，行车时收起，用绳索穿过末端的鼻纽固定在车辕上，驻车时，服马卸下后放下此器，可以用于支撑车辕。

▲青铜轸饰（正反面）

▲青铜三叉器

---

[1] 阎根齐主编：《芒砀山西汉梁王陵墓地》，第 201—202 页，文物出版社，2001 年。

## 十四、青铜当卢

当卢戴于马额中央,因不能遮挡马的眼、鼻,只能在额头与双眼之间的"T"字形空间悬挂,所以取长条造型。既有一定的装饰作用,又可以保护马头的要害部位。依造型、装饰风格,可以分为四型。

A 型,整体呈上宽下窄的长条形,背面中间上下各有2个鼻纽、3个牛鼻穿。依装饰风格,可以分为三亚型。

Aa 型,通体鎏金或鎏金银,用细阴线刻出双凤朝阳图案。标本12XGDK1:1646,长31厘米、最宽9.5厘米。构图分两部分,上方为2只相向而立的展翅侧身凤鸟,引颈朝太阳而鸣叫,构成画面主题双凤朝阳图案;下方为缠绕的双龙,龙首相对,龙尾有1只爬行的龟。通体鎏金。

Ab 型,通体鎏金或鎏金银,用细阴线刻出双龙飞升图案。标本12XGDK1:575,长27厘米、最宽8厘米。作双龙缠绕式,龙首相对,张口吐舌,身躯升腾,四肢外张有力,龙尾相交。通体鎏金。

▲Aa型 鎏金双凤朝阳纹青铜当卢(正反面)

▲Ab型 鎏金双龙飞升纹青铜当卢(正反面)

139

Ac 型，一套 4 件，用错金银方法装饰龙、凤、鱼、龟、日、月、云气等动物纹和自然景物。标本 12XGDK1:1247，长 28.5 厘米、最宽 8.5 厘米。构图分 2 部分，上方主体为展翅振翮侧身衔珠凤鸟，脚踏祥云，其下有 1 只虎，作侧身式，虎下为 2 条交体翼龙，衬以星云纹。下方为 1 只回首侧身伫立的凤鸟。

　　这套青铜当卢与 C 型盖弓帽、B 型軎首、B 型軜、B 型衡末饰、Cb 型笠毂、A 型衔的装饰风格相同，均为错金银纹饰，可能属于一套，系刘贺做昌邑王时所乘安车驷马的配件。

　　B 型，整体呈马面形薄片。双耳上卷，马髦簇起，眉眼、鼻梁镂空，镂孔内、中腰两侧各伸出 2 个鸟头状饰，下端如长舌状。背面上下各有 2 个鼻纽、3 个牛鼻穿。通体鎏金或鎏金银，用细阴线刻出龙凤图案。标本 12XGDK1:594，长 28 厘米、最宽 7.8 厘米。构图分 3 部分，上方为一只展翅凤鸟，长冠，含珠；中间为缠绕成 "8" 字形的双龙，龙首相对，龙身间点缀 2 只展翅向上的飞鸟。下方为 1 只爬行的龟。通体鎏金银，呈银白色。

▲ Ac 型　错金银四神纹青铜当卢　　　　▲ B 型　鎏金银龙凤纹青铜当卢

C 型，整体呈牛首形薄片。双角内卷，鼻梁镂空，下端如长舌状。背面上下各设 2 个鼻纽。标本 12XGDK1:2053，长 27.5 厘米、最宽 9 厘米。通体鎏金银，饰鎏金双龙飞升纹。

D 型，标本 12XGDK1:2402，残长 23 厘米、最宽 5.3 厘米。整体呈兽面形薄片。额、眉、眼等处鎏金银，鼻梁镂空。通体错金银鸟兽纹，衬以云气纹，可辨识动物有虎、兔、鹿、鸟等。

▲C 型　鎏金银牛首形青铜当卢　　　　　　▲D 型　鎏金银鸟兽纹青铜当卢

## 十五、青铜马珂

马珂是马身攀胸、鞧带、蔽泥等处的装饰物。马珂背面没有鼻纽，沿内折，沿面有小穿孔，便于固定在革带上[1]。依造型，可以分为二型。

---

[1] 原发掘简报把马珂与当卢混为一类，我们从中区分出 1 件银马珂，11 件青铜马珂。详见彭明瀚：《海昏藏美》，第 96—101 页，文物出版社，2022 年。

A 型，形似杏叶，标本 12XGDK1:402，长 12.3 厘米、最宽 10.3 厘米。器面饰浮雕凤纹，圆睛长冠，张口，展翅抬足。通体鎏金。

B 型，形似葫芦，标本 12XGDK1:397，长 13.5 厘米、最宽 6.4 厘米。器面饰浮雕凤纹，圆睛长冠，张口，回首翘尾。通体鎏金。

▲A 型　鎏金青铜马珂（正反面）

▲B 型　鎏金青铜马珂（正反面）

142

## 十六、青铜马衔

马衔，又称"勒"，是横勒在马口角两颊上的器具。驾马时，衔置于马口中，用以制驭马的行止。依造型，可以分为三型。

A 型，长条上有两环，用于穿马镳，两端呈四瓣花形，中间有凸出的花蕊，近封口处有一小鼻纽。铜铁合铸，铁质部分用银丝嵌错出几何纹，铜质部分有乳凸，通体鎏金。标本 12XGDK1∶1546，长 77 厘米，伴出 C 型马镳。

▲A 型　青铜马衔

B 型，由 2 节带双环的圆杆组成，圆杆两端有圆环，一大一小，中间为两小环套接，两端各有一个近圆形的大扁环，用于穿镳，每节中间稍鼓，饰索状纹。标本 12XGDK1∶711，通长 20.5 厘米。

C 型，由 2 节链条和中间连接链 3 部分组成，链条外端为大圆环，用于穿镳；内端为小圆环，两小环由一个两端为小圆环的连接链套接。每节中段起鼓，有乳凸。标本 12XGDK1∶1107，通长 24.2 厘米。

▲B 型　青铜马衔

▲ C型 青铜马衔

## 十七、青铜马镳

马镳是与衔配套使用的马具，贯于马衔的两环中，防止衔从马口中脱落。依造型，可以分为三型。

A型，标本12XGDK1:489，长25厘米。月牙形，中间有穿孔，一端作兽首形，闭嘴、睁眼、双耳后披。通体鎏金。

▲ A型 青铜马镳

B型，呈"S"形，中间有2个长方形穿孔，两端宽扁，有鸡冠状侧叶。标本12XGDK1:689，长26厘米。通体鎏金银，饰错金几何纹。

C型，标本12XGDK1:89，残长20厘米。呈"S"形，两端宽扁，作卷云形，中间有2个长方形穿孔。

▲B型 青铜马镳

▲C型 青铜马镳

## 十八、青铜节约

节约是装饰和连结马络头、辔带的构件。作半球形，球面饰浮雕蹲熊纹，背部有2个方形纽。通体鎏金。标本12XGDK1:1459，顶径2.5厘米、高2.4厘米，出土时与青铜管饰串在一起，用于马头上的额带、鼻带、颊带之间的串连。

▲鎏金青铜节约

## 十九、青铜辔饰

马辔上的装饰物，圆管形，两端有銎。依造型和装饰风格，可以分为三型。

A 型，扁圆管状，横断面为椭圆形，两端有圆銎。标本 K1:G3-Z'-28，口径 1.2 厘米、长 1.7 厘米。器表饰错金几何纹。

B 型，管状，横断面为椭圆形，两端有圆銎，中部一侧有鼻纽。标本 K1:G3-Z'-35，口径 1.2 厘米、长 1.7 厘米。器表饰错金几何纹。

C 型，管状，一端为椭圆形銎，另一端分成 2 个椭圆形裤管，革带从裤管引出，用于面颊和颊正中穿接。标本 12XGDK1:93，长 2 厘米。通体鎏金。

▲A 型　青铜辔饰

▲B 型　青铜辔饰　　　　　　　　▲C 型　青铜辔饰

## 二十、青铜带扣

马带饰，用于连接马面、马身上的革带。依造型，可以分为三型。

A型，呈日字形，前段为方形，后段近椭圆形。标本12XGDK1:1936-5，长4.1厘米、宽2.3厘米。通体鎏金，扣环正面饰几何纹。

B型，由扣环和扣舌组成，方形扣环，扣舌曲折，似昂起之鸭首，通体鎏金或鎏金银。标本12XGDK1:473，长4.1厘米、宽2.3厘米、扣舌长3厘米。通体鎏金银，呈银白色。扣环正面饰几何纹。

C型，由扣环和扣针组成，方形扣环一侧中部置活动扣针。标本12XGDK1:1232，长4.3厘米、宽4厘米、扣针长2.8厘米。通体鎏金。

▲ A型 青铜带扣（正反面）

# 吉金海昏——刘贺墓园出土青铜器

▲B 型　青铜带扣

▲C 型　青铜带扣

## 二十一、青铜泡饰

马带饰。依造型和装饰风格，可以分为三型。

A 型，呈椭圆形，背面有 2 个横梁。通体鎏金或错金银，或泡面饰弦纹。标本 12XGDK1:394，长 2.4 厘米、宽 1.7 厘米、高 1.5 厘米。泡面饰错金几何纹。

B 型，呈牛首形，双角内弯，额前内凹，双目凸出，长鼻，背面有 2 个横梁。标本 12XGDK1:552，长 3 厘米、最宽 2.2 厘米、厚 0.8 厘米。通体鎏金。

C 型，呈蝉形，背面有 2 个横梁。标本 12XGDK1:220，长 3.6 厘米、最宽 2 厘米、厚 1 厘米。通体鎏金。

▲A 型　青铜泡饰

▲B 型　青铜泡饰

▲C 型　青铜泡饰

## 二十二、青铜环

环是用于穿革带和绳索的马具。圆环形,一侧有缺口。通体鎏金。标本 12XGDK1:322,直径 9.1 厘米。通体鎏金。

▲鎏金青铜环

第二章 青铜器的类型（下）

## 第四节

# 青铜明器

明器是指为殉葬专门制作的物品，包括甗、銚、车马器3类。刘充国墓出土青铜器中包括相当数量的小件器物，制作精细，通体鎏金，考虑到刘充国死时年龄比较小，这些小件器物可以视为他生前使用的玩具，我们暂且不把这一部分器物归入明器。

### 一、青铜甗

7套，每套4件。包括从上到下4部分，最上是作为器盖的盆，平折沿，敞口，斜腹内收成平底；其次为甑，敞口，斜折沿，深斜腹，向下弧收，底部有箅，斜直圈足略向外撇，以便与釜的直口套接；再次为釜的上半部分，直口，斜肩折腹；最下为釜的下半部分，敞口，斜折沿，斜腹内收成平底，上腹部有小圆穿，以便通过铆钉与上半部分铆接成一件完整的釜。胎体轻薄，通体素面，釜与作为实用器的标本M1:475浑铸成形不同，而是分上下两部分，套合起来，仅具釜的外形，不具备实用功能，只能视作明器。标本M1:223、标本M1:484出土时，上下两部分就是套合在一起，为我们认识此类器物的套接方式提供了实物资料。标本M1:222，出土于刘贺墓东藏椁北部，一套4件，叠压在一起，分为4个标本号，实际上是同一件器物的不同部件。标本M1:222-1，甑，口径19.5厘米、底径9厘米、高13.5厘米；标本M1:222-2，釜上半部分，口径7厘米、底径17.5厘米、高9.5厘米；标本M1:222-3，釜下半部分，口径19.1厘米、底径6.8厘米、高9.6厘米；标本M1:222-4，器盖，口径19.3厘米、底径6厘米、高10.5厘米。修复后，通高42厘米。

▲ 青铜釜出土状态

▲ 青铜甑、盆出土状态

第二章　　青铜器的类型（下）

▲ 青铜瓿

## 二、青铜䥽

8件，造型相同、大小相近，敞口，斜折沿，斜腹内收成平底，假圈足。造型与前述D型青铜䥽相近，但体量只有其一半左右，胎体轻薄，器表粗糙，未经打磨，没有使用痕迹，可以视为明器，均出土于刘贺墓东藏椁北部。标本M1:767-1，口径25.7厘米、圈足径12.5厘米、高9.5厘米，出土时4件叠压在一起。

▲ 青铜䥽

## 三、青铜车马器

刘贺墓南藏椁、甬道出土6辆偶车马[1]，大小约相当于真车马一半，像真车实马一样，配有相应的青铜车马器，这些器物与刘贺墓外藏车马坑出土同类器造型、装饰相近，但体量更小，制作粗糙，属于殉葬的明器。有意思的是，偶乐车上配的青铜甬钟、钲、镯、錞于却是实用器，其用意有待深入研究。

▲ 偶车马套厢提取场景

---

[1] 偶车马均在考古现场套厢提取，进行室内实验室考古，目前该项工作还没有结束，考古简报尚未发表，所以这一部分器物的数据以今后发表的正式考古报告为准。

吉金海昏——刘贺墓园出土青铜器

▲ 青铜马衔镳出土状态

▲ 青铜马衔镳

156

第二章 青铜器的类型（下）

▲青铜节约

▲青铜盖弓帽

▲青铜当卢

▲青铜马珂

# 吉金海昏——刘贺墓园出土青铜器

▲ 青铜杠箍

▲ 青铜车轙

▲ 青铜軎首                     ▲ 青铜横末饰

第三章　青铜器专题研究

▲青铜车较

▲青铜车軎辖

159

吉金海昏——刘贺墓园出土青铜器

▲ 青铜车軎出土场景

# 叁

## 第三章

### 青铜器专题研究

刘贺墓出土青铜器中，青铜编钟、镜、镇、博山炉和灯，出土数量多，器种丰富，大多数为西汉王侯陵墓中常见的样式。刘贺墓墓主身份明确，埋藏时间清楚，保存完好，对西汉青铜器分期断代、使用制度、器物组合关系等，具有标本意义。本章选取这五种青铜器，作考古学观察。

## 第一节

# 青铜编钟编列复原研究

刘贺墓北藏椁出土两堵悬挂在钟簨上的青铜编钟，包括纽钟、甬钟以及青铜包首、青铜钟虡、青铜钉、青铜钩、青铜销等附件，是西汉青铜乐钟及其配件出土最完整的一批。刘贺墓出土的编钟，是继1983年广东省广州市象岗山南越王陵、2000年山东省济南市章丘洛庄汉墓14号陪葬坑、2009年江苏省盱眙县大云山江都王陵之后又一套规制完整的西汉实用青铜乐钟，对研究编钟及其音律和铸造工艺乃至西汉乐悬制度等，有着重大的历史意义。

## 一、青铜甬钟

11件，其中，刘贺墓北藏椁近北墙处编甬钟架倒伏范围内出土5件，近南墙处编纽钟架倒伏范围内出土5件，甬道偶乐车上出土1件。

第三章　青铜器专题研究

▲ 青铜甬钟出土场景

　　钟身呈扁凸状合瓦形，竹节状实心甬，中上部饰一周箍状折棱，下端有一道凸宽带，其上有旋，旋作螭状，上半身有多道平行排列的短斜直线，近头部有卷云纹，旋上有一个螭头形干，以"S"形卷纹下部为螭眼；平舞，铣棱弧曲，铣角内敛，显得矮胖浑圆；于口上弧，有棱状内唇。腔面以粗阳线框分隔出钲、篆、鼓、枚各区；钲部两侧有4组枚，每组9个，分3行，以篆带相隔。腔内音梁或内唇上留有刻凿调音痕迹[1]。依造型、装饰风格，可以分为四型。

---

[1] 王清雷等：《海昏侯刘贺墓编甬钟的音乐学研究》，《南京艺术学院学报（音乐与表演）》2023年第4期。

163

▲ 甬钟内唇凿痕

　　A 型，方格"米"字纹甬钟，3 件，大小相次，造型、纹饰相近，主要区别在于大小不同、铭文各异。螺旋式乳丁枚，甬部中段为三角纹，内填篦点纹和花卉纹，其篆间、篆带、钲部和舞部饰方格"米"字纹。标本 M1:400，最大腹径 37.4 厘米、铣距 34.1 厘米、甬长 28.2 厘米、通高 71.7 厘米，重 29300 克。棱铣部阴刻篆隶体铭文"东道羽重百一十九第三"，前 3 字刻痕深，字体工整，带有较浓的篆书笔意，后 7 字刻痕浅，字迹潦草；钲上沿近舞部阴刻简笔篆隶体铭文"东"，刻痕较深，字体工整。同一件甬钟上 3 组铭文，刻痕深浅不一，刻写风格各异，字体各有千秋，可能是在不同的时间由不同的工匠分别刻写。

　　标本 M1:395，最大腹径 35 厘米、铣距 33 厘米、甬长 27.2 厘米、通高 69.8 厘米，重 25925 克。钲上沿近舞部阴刻篆隶体铭文"东道第三宫重百五斤"，刻痕浅，字迹潦草；棱铣部阴刻篆书铭文"宫"，刻痕深，字体工整，书体秀逸。

　　标本 M1:394，最大腹径 31.7 厘米、铣距 27.1 厘米、甬长 22.1 厘米、通高 55.8 厘米，重 20650 克。钲上沿近舞部阴刻篆隶体铭文"东道第三商重八十六斤"，刻痕浅，字迹潦草。

B型，蟠螭纹甬钟，2件，大小、造型、装饰风格相近，螺旋式乳丁枚，中段为三角纹，内填花卉纹，其篆间、篆带、钲和舞部饰蟠螭纹，铭文书体略有差别。标本M1:393，最大腹径22.7厘米、铣距23.8厘米、甬长22.5厘米、通高56厘米，重20250克。钟舞内侧阴刻篆隶体铭文"角"，钟体近舞处阴刻篆隶体铭文"西道角重八十五斤第二"，刻痕浅，字迹潦草。

标本M1:392，最大腹径26.1厘米、铣距24.2厘米、甬长23.3厘米、通高55.5厘米，重18150克。侧鼓部阴刻篆隶体铭文"西道第一角重七十四斤"，刻痕浅，与标本M1:393相比，字体略显工整，篆书笔法更浓，说明二者虽然都属于西道，但铭文是由不同工匠刻写。

▲A型　方格"米"字纹青铜甬钟

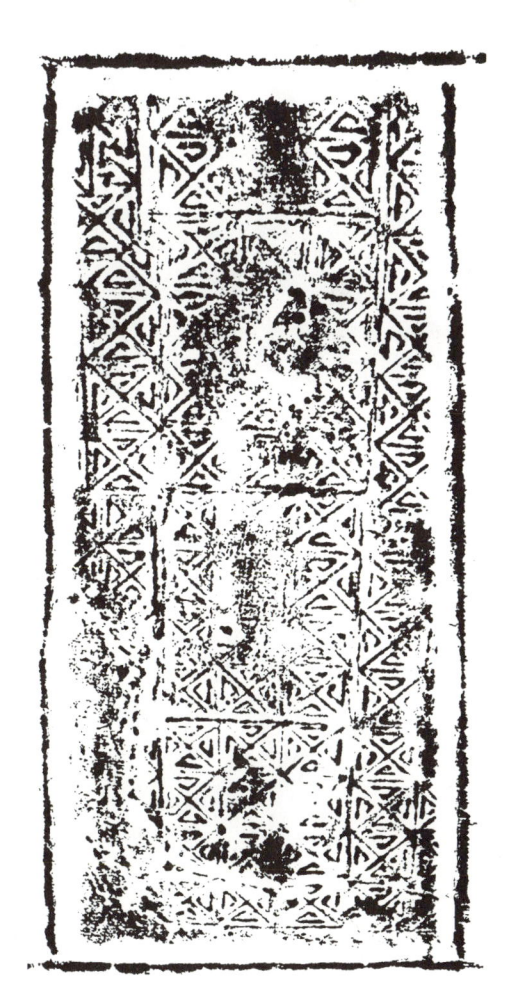

吉金海昏——刘贺墓园出土青铜器

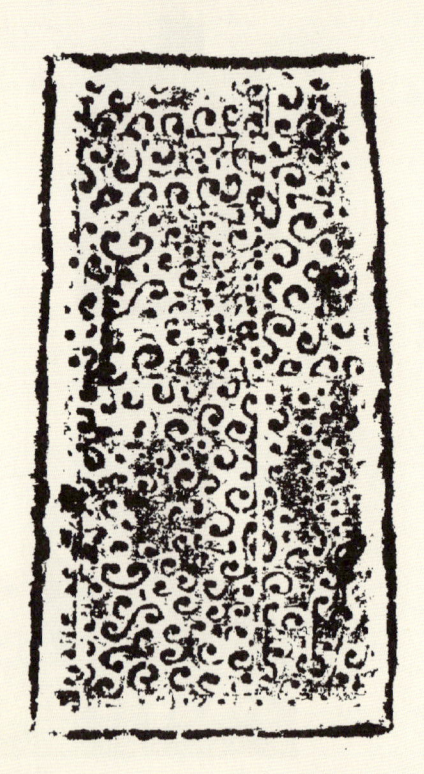

▲ B 型　蟠螭纹青铜甬钟

166

第三章　青铜器专题研究

　　上述 5 件带铭文甬钟，大小相次，出土于甬钟架垮塌范围内。铭文或镌刻较深，字体规整；或刻痕较浅，手法粗糙，字迹潦草，系不同时期不同工匠所刻。铭文包括四部分内容：第一部分是东道或西道，指该钟在一堵编钟的悬挂位置，即乐钟在实际演奏中所处的方位[1]；第二部分是阶名宫、商、角、羽，五音缺徵；第三部分是第一、第二、第三之类序号；第四部分是甬钟的重量。3 件 A 型甬钟，均为东道第三，但其阶名却不同，分别为"羽""宫"和"商"。经测音，"音程关系分别为小三度和大二度，不是半音关系"[2]，表明它们原本属于三架不同的编钟。2 件 B 型甬钟，装饰风格相近，都属于西道，阶名都是"角"，但铭文书写风格不同，其一为隶书，其一为篆书，而且音高也不相同，不属于一个宫调，说明它们原本属于两堵不同的编钟。经测音，5 件甬钟正鼓音相邻音高的音程关系分别为：小三度、小二度、增二度和小二度。王清雷先生认为，"这 5 件刻铭甬钟来自 3 堵（架）不同的编钟，属于两个不同的宫调"，是由不同时期、不同纹饰、不同宫调和不同编列的甬钟拼凑而成[3]。

▲ 东道甬钟铭文

---

[1] 刘锴云、张闻捷：《帝制与王制：再论西汉海昏侯墓的乐悬制度》，《中国国家博物馆馆刊》2022 年第 12 期。
[2][3] 王清雷等：《海昏侯刘贺墓编甬钟的音乐学研究》，《南京艺术学院学报（音乐与表演）》2023 年第 4 期。

▲ 西道甬钟铭文拓片

C 型甬钟，2 件，方格蟠螭纹甬钟，与前述 B 型甬钟相比，器体轻薄，器表无铭文。甬部中段饰蟠螭纹，舞面饰蟠螭纹，中间贯通一条宽带凸弦纹，篆间、篆带、钲部饰方格蟠螭纹。标本 M1:388，最大腹径 24 厘米、铣距 22.5 厘米、甬长 19.8 厘米、通高 48.5 厘米，重 10750 克。出土于编纽钟架倒伏范围内，叠压在中间一块漆钟业（标本 M1:141-3）下。

标本 M1:153，最大腹径 26 厘米、铣距 21.4 厘米、甬长 19.1 厘米、通高 46.6 厘米，重 7112 克。出土于编纽钟架倒伏范围内，位于标本 M1:164-5a 与 164-6a 纽钟之间。

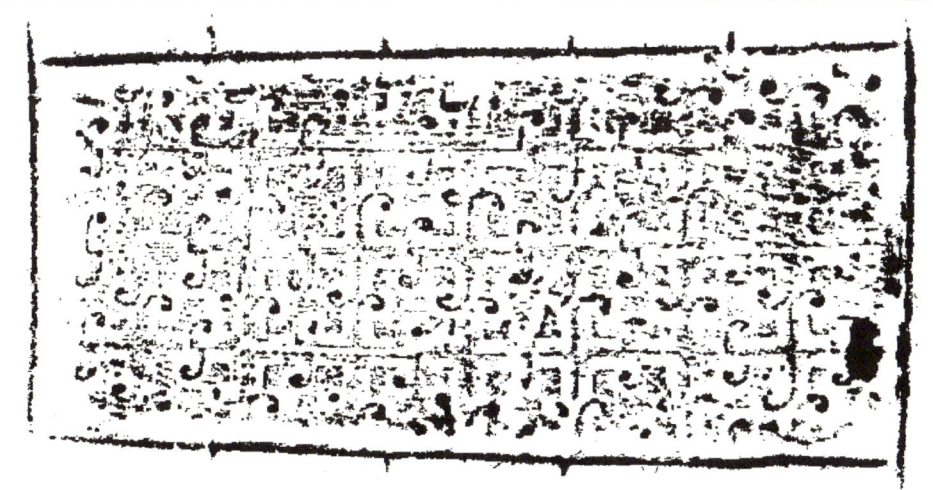

▲ C 型　方格蟠螭纹青铜甬钟

▲ 标本 M1:153 甬钟出土场景

D 型，鎏金龙纹甬钟，4 件，其中 3 件出土于编纽钟架倒伏范围内，1 件出土于甬道偶乐车上。甬中部饰鎏金宽带凸弦纹，上下点缀鎏金变形龙纹；平舞，舞面点缀鎏金云气纹，外面环绕一周鎏金宽带纹；枚呈乳丁状，其上刻细线纹，舞下、钲下、铣间弧线以及钟体两侧饰以鎏金弦纹；舞下、钲部、篆带饰鎏金变形龙纹，鼓部饰鎏金对称龙首纹；正面鎏金纹饰清晰，背面局部脱落。

标本 M1:141，最大腹径 28 厘米、铣距 25 厘米、甬长 19.9 厘米、通高 52 厘米，重 8120 克，出土于标本 M1:424 青铜钟虡座北侧、标本 M1:141-2 漆钟业旁。

标本 M1:385，最大腹径 23 厘米、铣距 21 厘米、甬长 15.6 厘米、通高 44.6 厘米，重 6350 克。出土于编纽钟架倒伏范围内，叠压在东侧漆钟业（标本 M1:141-1）下方。

标本 M1:384，最大腹径 25 厘米、铣距 19.1 厘米、甬长 15.3 厘米、通高 38.5 厘米，重 5550 克。出土于编纽钟架倒伏范围内，叠压在东侧漆钟业（标本 M1:141-1）下方。

标本 M1:1367，最大腹径 25.7 厘米、铣距 21.9 厘米、甬长 16.8 厘米、通高 45.3 厘米，重 6780 克，出土于刘贺墓甬道偶乐车上，伴出青铜錞于、钲、镯等。

▲ 标本 M1:141 甬钟出土场景

▲ D 型　鎏金龙纹甬钟

171

吉金海昏——刘贺墓园出土青铜器

## 二、青铜纽钟

一套14件，出土于刘贺墓北藏椁近南墙处，伴出青铜虡一对2件。14件纽钟保存完好，造型、纹饰相近，大小依次递减，出土时整齐地悬挂在漆钟簴上。

▲青铜纽钟出土场景

纽钟出土时均悬挂在漆钟簴上，具体做法为：钟簴底面开14个铆孔，将钟纽部插入相应孔内，以鎏金青铜钉固定。钟簴为红地黑漆云纹漆木质，两端镶嵌鎏金龙纹青铜包首。簴上插3块漆钟业，业呈三角形片状，业底等距离开有2个小圆形孔，便于悬挂甬钟的青铜钩穿过；业面红地黑漆云纹，中心部位嵌1枚青铜圆饼形器，构思巧妙，系首次发现。

钟体呈扁凸状合瓦形，铣棱中部外鼓，两端内敛，显得矮胖浑圆；于口上弧，有棱状内唇；腔面以粗阳线框分隔出钲、篆、鼓、枚各区。舞平素无纹，置扁平长条环形纽；钲部两

▲纽钟与钩、钉和钟架关系

▲漆钟簴（局部）

172

侧有4组枚，每组9个，分3行，以篆带相隔；枚呈乳丁状，其上刻细线纹；钟腔于口内壁4个侧鼓部均焊接楔形音梁，向上顺腔体延伸至枚区。钟内腔留有调音刻凿的痕迹。依造型、装饰风格，可以分为二型。

▲ 纽钟内唇凿痕

A型，13件，通体鎏金，大小依次递减，其中12件舞内侧刻有铭文，装饰纹样、风格与D型甬钟相同，可能是同一时期由同一作坊设计、铸造。标本M1:164-1a，最大腹径14.9厘米、纽高7.1厘米、通高27.5厘米。舞下、钲下、于口以及铣棱两侧饰鎏金弦纹。钲部、篆带饰鎏金变形龙纹，鼓部饰鎏金对称龙首纹，正鼓部饰一个鎏金蘑菇状点纹，作为正鼓音的演奏标记；正面鎏金纹饰清晰，背面由于经常演奏敲击，致使局部脱落。4条音梁保存完好，上面没有调音痕迹；2个正鼓部、4个侧鼓部和2个铣角的内唇上均有刻凿调音痕迹[1]。钟舞内侧刻画铭文"二"，但出土时悬挂在漆钟簨上靠近青铜包首处，属于最大一件，表明该列纽钟原始编列中的一号钟遗失了。

▲ A型　鎏金龙纹青铜纽钟

---

[1] 王清雷等：《海昏侯刘贺墓编纽钟的音乐学研究》，《黄钟（武汉音乐学院学报）》2023年第2期。

173

▲ 标本 M1:164-10a 纽钟正面与背面演奏痕迹

12 件纽钟舞内侧有标明序数的铭文（附表：编纽钟铭文一览表），铭文显示，原始编列 1—14 号钟，遗失了一号、三号和五号，有 2 件四号，说明 13 件 A 型纽钟并不是原始铸造时的编列状态，其中至少 1 件四号钟和没有序数铭文的标本 M1:164-2a 钟是后期补配进来的。

## 编纽钟铭文一览表

| 序号 | 1 | 2 | 3 |
| --- | --- | --- | --- |
| 标本号 | 164-1a | 164-2a | 164-3a |
| 铭文 |  |  |  |
| 释文 | 二 |  | 四 |
| 序号 | 8 | 9 | 10 |
| 标本号 | 164-8a | 164-9a | 164-10a |
| 铭文 |  |  |  |
| 释文 | 九 | 十 | 十一 |

B型，标本M1:164-14a，最大腹径6厘米、纽高4厘米、通高12.5厘米。保存完整，是全套纽钟中最小的一件，器形与前述13件相近，舞、征、篆、鼓部铸龙纹，钟腔于口内壁4个侧鼓部均有楔形音梁，形状与前述纽钟的音梁略有不同，系原钟遗失后所补配。4条音梁保存完好，上面没有调音痕迹；2个正鼓部、4个侧鼓部和2个铣角的内唇上留有刻凿调音痕迹[1]。

中国艺术研究院王清雷先生认为，刘贺墓编纽钟正面的鎏金纹饰保存较好，背面则磨损较多，有的甚至非常严重，这说明编钟在演奏侧鼓音时，左、右侧鼓部均可敲击，并非仅敲击右侧鼓部。刘贺墓纽钟器表残存的39处演奏痕迹，展现了西汉宫廷钟乐实践的真实历史，为我们认识西汉时期一钟双音在编钟演奏活动中的实际情况提供了新视角。王清雷团队通过对其进行测音、试奏后发现，纽钟编列完整，音律准确，音阶流畅，音色清脆悦耳，五音具备，其正、侧鼓音的音程关系为大三度或小三度，均为可以演奏双音的实用乐钟[2]。

| 4 | 5 | 6 | 7 |
|---|---|---|---|
| 164-4a | 164-5a | 164-6a | 164-7a |
|  |  |  |  |
| 四 | 六 | 七 | 八 |
| 11 | 12 | 13 | 14 |
| 164-11a | 164-12a | 164-13a | 164-14a |
|  |  |  |  |
| 十二 | 十三 | 十四 |  |

---

[1] 王清雷等：《海昏侯刘贺墓编纽钟的音乐学研究》，《黄钟（武汉音乐学院学报）》2023年第2期。
[2] a. 王清雷等：《试论海昏侯刘贺墓编纽钟的编列》，《音乐研究》2018年第5期。
　　b. 王清雷等：《海昏侯刘贺墓编纽钟演奏痕迹研究》，《音乐研究》2023年第4期。

▲ B 型　龙纹青铜纽钟

## 三、青铜虡

3对6件，出土于刘贺墓北藏椁，分别属于编纽钟、编甬钟和编磬。依造型和装饰风格，可以分为二型。

A 型，一对2件，鎏金双翼神兽青铜虡，造型相同、大小相近，出土于刘贺墓北藏椁近北墙处，2件虡之间散落漆绘云气纹漆簨和甬钟5件。标本 M1:403，虡座底长46.5厘米、宽19.5厘米、高29.5厘米，通高102.5厘米。竹节状鎏青铜虡柱插入鎏金青铜神兽虡座圆鋬内，U形花蕾状托座承托彩绘漆钟簨，暗榫插入青铜包首、漆钟簨孔内。虡座为双翼神兽形，似龙，昂首平视，张口，吻部上卷，双角卷曲后扬，圆目长耳，背脊中部有一立柱，圆形銎，两侧有翼，前肢匍地，后肢蹲踞，足趾抓地，长尾及地，腹前部坠地的长毛被巧妙地设计成虡座前端的一个支点，贴于地面。通体鎏金。类似的虡座见于江苏省盱眙县大云山江都王陵编磬架[1]；陕西省西安市龙首原西汉早期墓中出土的明器陶编钟虡座，与此相似[2]。

B型，2对4件，鎏金神兽青铜虡，分属编纽钟架和编磬架，造型相同、大小相近，装饰风格一致。形似驼，长嘴合口，圆目小耳，脑部、后背各有一凸起的驼峰状物，背脊中部有一立柱，圆銎，便于插入虡柱；前肢跪坐，后足蹲踞，短尾后垂，四足与长方形底板浑铸。通体饰鎏金云纹。竹节状鎏金青铜虡柱，圆柱体，柱底作子口，插入神兽虡座背部的圆銎内，柱上部近顶处有一周凸箍，便于承托U形鎏金青铜托座，柱头暗榫插入鎏金青铜龙纹包首与漆钟簨铆接。标本M1:424，底座长37.8厘米、宽20.5厘米、高30厘米，通高104.5厘米，出土于北藏椁中部靠近南墙处。类似的虡座见于江苏省盱眙县大云山江都王陵编钟架[3]。

▲ 青铜虡出土场景

---

[1] 南京博物院、盱眙县文化广电和旅游局：《大云山：西汉江都王陵一号墓发掘报告》，第428—433页，文物出版社，2020年。

[2] 西安市文物考古所：《西安龙首原汉墓》，第118—119页，西北大学出版社，1999年。

[3] 南京博物院、盱眙县文化广电和旅游局：《大云山：西汉江都王陵1号墓发掘报告》，第412—425页，文物出版社，2020年。

吉金海昏——刘贺墓园出土青铜器

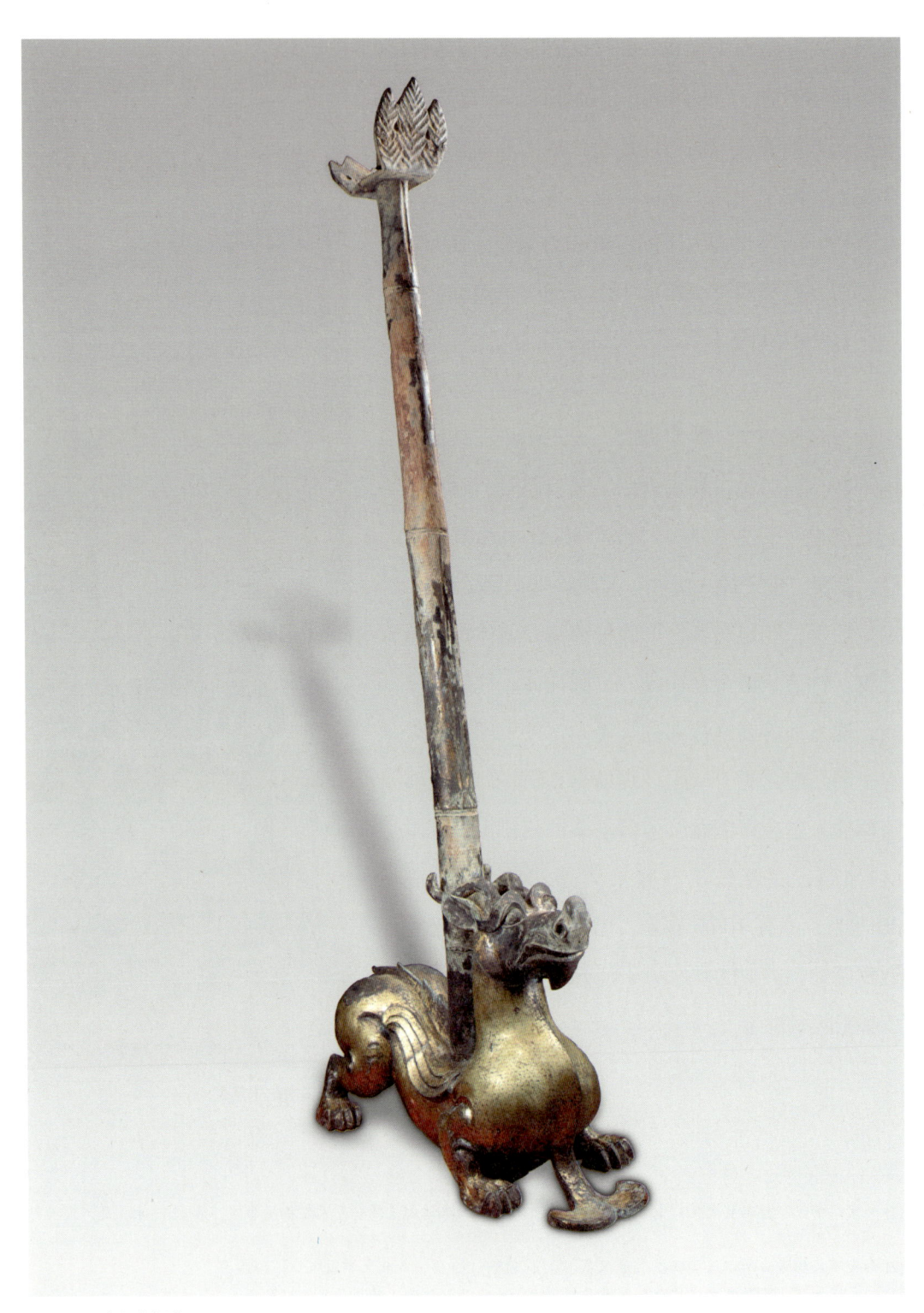

▲ A型　鎏金青铜虡

第三章　青铜器专题研究

▲青铜虡出土场景

▲B型　鎏金青铜虡

## 四、青铜包首

3对6件，出土于刘贺墓北藏椁。造型相同、大小相近，成对出土，长方形，中空，一侧开口，便于套入漆钟簨两头，下端开一圆孔，可以插入虡柱头。依装饰纹样，可以分为三型。

A型，1对2件，长方形鎏金青铜龙纹包首，出土时套在漆钟簨两头，系编甬钟架的附件。标本M1:318-10E，长28.4厘米、高10.2厘米、厚5.4厘米。饰鎏金简体龙纹。

B型，1对2件，长方形鎏金青铜龙纹包首，系编纽钟架的附件。标本M1:164-1e，长27.7厘米、高11.5厘米、厚4.6厘米。饰鎏金母子龙纹，中间为正面展体龙纹，作一首双身式，两侧为小龙，出土时套在漆钟簨两头，套接在虡柱头上。

C型，1对2件，长方形鎏金青铜龙纹包首，系编磬架的附件。标本M1:414-2，长27.7厘米、高10.5厘米、厚4.7厘米。饰鎏金行龙纹，出土时套在漆钟簨两头，套接在虡柱头上。

▲ A型　鎏金简体龙纹青铜包首

第三章 青铜器专题研究

▲B型 鎏金母子龙纹青铜包首

▲C型 鎏金行龙纹青铜包首

181

## 五、青铜钉

14件,造型相同、大小相近,系悬挂纽钟的附件。依造型和装饰风格,可以分为二型。

A 型,鎏金兽面纹青铜钉,10 件,穿过钟纽孔插在漆钟簴上。标本 M1:164-1b,钉帽直径2厘米、钉长8.3厘米,出土时插在漆钟簴上。钉帽呈球面形,饰浮雕蹲熊纹。通体鎏金。

B型,鎏金素面青铜钉,4件,3件穿过钟纽孔插在漆钟簴上,1件散落在编纽钟架下。标本 M1:266,钉帽直径2.8厘米、钉长6.1厘米,出土时压在编纽钟架下,经比对,系 12 号纽钟所缺失的铜钉。钉帽呈球面形。通体鎏金。

▲鎏金兽面纹青铜钉

▲鎏金素面青铜钉

## 六、骆驼形青铜钩

6件,属于悬挂甬钟的附件,造型相同、大小相近,出土时末端穿过漆钟业底部半圆形孔固定在编纽钟架钟簨上,每件漆钟业底部有2个,钩首朝下,骆驼颈部残存少许丝绳。标本M1:164-1c,长18.5厘米。呈骆驼形,昂首,长颈,双峰,曲肢,背部有长条形榫。通体鎏金。

▲ 鎏金骆驼形青铜钩

## 七、青铜销

6件，属于青铜钩的配件，造型相同、大小相近，装饰风格一致，出土时固定在编纽钟架钟簴上。标本M1:164-1d，长5.5厘米、宽3.8厘米。上端开口，两侧壁内敛，后壁平直。通体鎏金。出土时镶嵌在钟簴正面上方凹槽内，青铜钩背部的榫插入销内，用丝绳把甬钟悬挂在钟簴上。

▲ 青铜销

▲ 青铜钩与销

▲ 漆钟簴（局部）

## 八、刘贺墓编钟编列复原

关于刘贺墓编钟的编列问题，关键在于北藏椁出土 10 件甬钟的编列。自考古发现公布以来，这一问题成为音乐考古的热点，专家们从音乐史学角度，结合相关文献记载，展开了广泛讨论，目前主要有两种不同的意见，一部分专家认为 10 件编甬钟分为 2 组，每组 5 件[1]；另一部分专家则认为 10 件编甬钟是有意拼凑出来的一肆乐钟[2]。关于这一问题，我们认为必须回到考古发现本身。

从考古现场文物分布来看，3 件 A 型甬钟、2 件 B 型甬钟属于一组，胎体厚重、带铭文，出土于北藏椁近北墙处 2 件青铜虡（标本 M1:403、标本 M1:438）之间，面向南方，标本 M1:400、标本 M1:395、标本 M1:394、标本 M1:393 和标本 M1:392，5 件甬钟自东而西从大到小依次排列，自成一堵，伴出漆钟簨（标本 M1:318），清理叠压在上面的漆钟簨后，5 件甬钟的排列关系清晰可见。漆钟簨长约 247 厘米，除去两头的青铜包首 56.8 厘米，两虡柱之间可以用于悬挂甬钟的有效长度约 190 厘米，上述 5 件甬钟的最大腹径相加约 153 厘米，钟架大体与甬钟相配。如果把北藏椁出土的 10 件甬钟一并归入这一钟架，10 件甬钟的最大腹径相加约 279 厘米，比漆钟簨还要长。因此，无论是从考古发现，还是从出土文物实际来看，这 10 件甬钟归入一堵的推论都不成立。

14 件纽钟出土于北藏椁近南墙处，面向北方，自西而东从大到小依次排列，用青铜钉固定在编钟架钟簨上，这是十分清楚的事实。编钟架自西南向东北倒伏，倒伏范围内出土 5 件青铜甬钟，其中标本 M1:141 甬钟出土于标本 M1:424 青铜钟虡座北侧、西侧一块漆钟业（标本 M1:141-2）旁；标本 M1:153 甬钟出土于编纽钟架倒伏范围内，位于标本 M1:164-5a 与 164-6a 纽钟之间；3 件甬钟（标

---

[1] a. 王子初：《海昏侯时代的编钟—它们见证了"礼乐"的复古与没落》，《中国国家地理》2016 年第 3 期。
  b. 金隐村：《海昏侯墓出土编钟对研究西汉乐悬制度的启示》，《首都博物馆论丛》第 30 辑，北京燕山出版社，2016 年。
[2] a. 张闻捷：《试论海昏侯墓的乐钟制度》，《中国文物报》2016 年 5 月 6 日第六版。
  b. 王清雷：《也谈海昏侯墓编钟》，《中国音乐》2017 年第 3 期。
  c. 王清雷等：《海昏侯刘贺墓编甬钟的音乐学研究》，《南京艺术学院学报（音乐与表演）》2023 年第 4 期。

本 M1:388、标本 M1:384、标本 M1:385）叠压在漆钟业下方，清理完纽钟架后才显露出来。经复原，编纽钟架倒伏范围内发现的 5 件小型甬钟，标本 M1:141、标本 M1:153、标本 M1:388、标本 M1:385、标本 M1:384，自西向东，依次排列悬挂在编纽钟架上。其中有 3 件鎏金龙纹甬钟，装饰纹样、风格与纽钟相同，2 件 C 型甬钟装饰风格绝然不同，纹饰不同，没有鎏金，说明他们是因某种需要而补配在一起。

▲ 纽钟架下叠压的甬钟

▲ 刘贺墓编纽钟编列复原

第三章 青铜器专题研究

▲青铜编钟，洛庄汉墓出土

钟簴上有6只鎏金青铜钩，3块漆钟业，每块对应2只，钩首残存丝绳，可能是用于悬挂甬钟，说明刘贺墓编纽钟架的结构与洛庄汉墓、大云山汉墓双层钟架不同，14件纽钟悬挂在钟簴上，甬钟通过丝绳悬挂在青铜钩上，只用一层钟簴，就实现了纽钟、甬钟分层悬挂。问题是有6只青铜钩，却只出土了5件甬钟，是不是原本有6件，下葬时其中一件混入了偶乐车？我们认为这种可能性不大。从考古发现来看，西汉时期，14件纽钟加5件甬钟构成一堵，是青铜乐钟的规范配置，过去考古出土西汉青铜编钟保存状态比较好的3座诸侯王陵均属于这种组合方式。

　　洛庄汉墓墓主为第一代吕王吕台，年代为公元前186年。该墓14号陪葬坑出土乐器多达149件，一套实用编钟悬挂于双层钟架上，上层钟簴上悬挂14件纽钟，下层钟簴上悬挂5件甬钟[1]。通过测音可以断定这是一套调试良好的双音钟，每件钟的正侧鼓音音程关系准确，均可发出相隔三度关系的两个音，双音独立性佳，七声音阶准确齐全，音色清亮，余音袅袅。可以说，洛庄汉墓编钟是我们目前所知汉代最早的一套音高准确、音列完备、音色优良的实用编钟[2]。

　　大云山汉墓墓主为江都王刘非，年代为公元前130年，墓中发现了黄肠题凑、金缕玉衣，是一座按照西汉诸侯王葬制埋葬的王陵。编钟出土于墓室西回廊南部二区下层，钟架虽已坍塌，但编钟排列顺序清晰。全套编钟分上下两层，上层14件纽钟，自北向南从大到小依次排列，下层5件甬钟，大小依次排列，排列方向与纽钟相反。该墓东回廊中部偏南七B区上层还出土了相同组合的3套明器青铜编钟，每套同样包括5件甬钟、14件纽钟[3]。

　　南越王陵墓主为第二代南越王赵眜，年代为公元前126年。14件纽钟出土时依次排列于东耳室北墙，悬挂纽钟的钟架尚存；5件甬钟位于纽钟东侧，同样从小到大依次排列，但并未悬挂，器表残存丝绢包裹痕迹[4]。甬钟与纽钟合成一堵，可以合奏[5]。

---

[1] 济南市考古研究所等：《山东章丘市洛庄汉墓陪葬坑的清理》，《考古》2004年第8期。
[2] 方建军、郑中：《洛庄汉墓14号陪葬坑编钟研究》，《音乐研究》2007年第2期。
[3] 南京博物院、盱眙县文化广电和旅游局：《大云山：西汉江都王陵一号墓发掘报告》，第412—425页，第325页，文物出版社，2020年。
[4] 广州象岗汉墓发掘队：《西汉南越王墓发掘初步报告》，《考古》1984年第3期。
[5] 方建军、郑中：《洛庄汉墓14号陪葬坑编钟研究》，《音乐研究》2007年第2期。

▲ 江都王陵出土青铜编钟编列复原

　　刘贺下葬时虽然身份是列侯，但墓中殉葬品有相当一部分是他做昌邑王时使用的物品，青铜编钟当属于此类。吕王陵、江都王陵、南越王陵和刘贺墓，这四座位于山东、江苏、广东、江西四省的西汉王侯墓出土了同等规格的编钟，是西汉礼乐制度在乐悬上的体现，表明西汉编钟的用乐制度有一套严格而明确的标准。经测音，吕王陵、刘贺墓出土编纽钟，除了吕王陵1号钟破裂失声无法对比外，其余20个音位的阶名完全相同，我们可以据此推测，西汉时期至少在诸侯王这个层面国家推行过统一规范的乐悬制度[1]。

---

[1] a. 王清雷等：《试论海昏侯刘贺墓编纽钟的编列》，《音乐研究》2018年第5期。
　　b. 王清雷等：《海昏侯刘贺墓编纽钟的音乐学研究》，《黄钟（武汉音乐学院学报）》2023年第2期。

所谓乐悬，其本意是指必须悬挂起来才能进行演奏的钟磬类大型编悬乐器，是礼制的物化形态，即"器以藏礼"。《周礼·春官·小胥》云："正乐悬之位，王宫悬，诸侯轩悬，卿大夫判悬，士特悬，辨其声。凡悬钟磬，半为堵，全为肆。"郑玄注云："宫悬四面悬，轩悬去其一面，判悬又去其一面，特悬又去其一面。四面象宫室四面有墙，故谓之宫悬；轩悬三面，其形曲……玄谓轩悬，去南面辟王也；判悬左右之合，又空北面。特悬悬于东方，或于阶间而已。"[1]《周礼》明确记载了天子用乐为四堵，即东西南北四面都悬挂乐器，诸侯去掉南面，即为三堵，卿、大夫只有东西二堵，士人只能在东面或阶间悬挂一堵。乐悬制度是西周礼乐制度的重要组成部分，包括乐悬的用器制度、乐悬的编列制度和乐悬的音阶制度。西周统治者将钟磬编悬乐器赋予深刻的政治内涵，形成了以钟磬为代表、等级森严的乐悬制度，对中国社会文化产生了深远影响，为汉代所继承。《汉书》云："高张四悬，乐充宫廷"[2]，说的正是天子所用的宫悬。汉文帝时贾谊《新语》云："天子之乐宫悬，诸侯轩悬，大夫直悬，士有琴瑟。"[3] 贾谊的这段话，很好地概括了西汉时期贵族阶层鲜明的礼乐器用等级特征，按照使用者的身份等级有差别地编列并悬挂编钟、编磬，演奏宗庙之乐或礼仪之乐。汉武帝时期设立乐府，规范乐器使用，仿效周制宫悬钟磬乐[4]。

乐悬制度是古代宫廷以钟磬乐悬为标志的礼乐等级规范，等级森严，不可僭越。礼乐关乎国家安危，孔子云："夫乐者所以载国，国者所以载君。彼乐亡而礼从之，礼亡而政从之，政亡而国从之，国亡而君从之。"[5] 广东省南越王赵眜墓、山东省洛庄吕王陵14号陪葬坑、江苏省盱眙大云山江都王陵出土乐悬组合为14件编纽钟和5件编甬钟悬挂在一件钟架上构成一堵，另加一堵编磬，只有两堵，与《周礼》诸侯轩悬的相关记载有出入。刘贺墓编钟，由14件纽钟和5件甬钟组成一堵，5件胎体厚重、带铭文的甬钟构成另一堵，这是刘贺墓编钟在编列上与前述汉代三王陵的最大不同之处。

---

[1] 郑玄注、贾公颜疏：《周礼注疏》，中华书局，1936年。
[2]《汉书》卷二十二，《礼乐志》第二，中华书局，1962年。
[3] 贾谊著，阎振兰、钟夏校注：《新语校注》卷二，《审微》，中华书局，2000年。
[4] 陈殿：《汉代礼乐中的钟磬乐》，《天津音乐学院学报》2009年第3期。
[5] 贾谊著，阎振兰、钟夏校注：《新语校注》卷二，《审微》，中华书局，2000年。

## 第三章　青铜器专题研究

另外，在北藏椁近南墙处紧邻编纽钟架西侧出土了一堵编磬，包括 14 件琉璃磬，磬和漆磬架之间的关系清晰。这样看来，刘贺墓乐悬规格可能为一堵编钟（内含 14 件纽钟和 5 件甬钟）、一堵编甬钟和一堵编磬组成三堵，其最大的特点是多一堵编甬钟，这一乐悬礼制与《周礼》记载的轩悬相互印证，是轩悬礼制的首次考古发现，体现了汉代对先秦礼乐制度的继承。

▲刘贺墓编甬钟编列复原

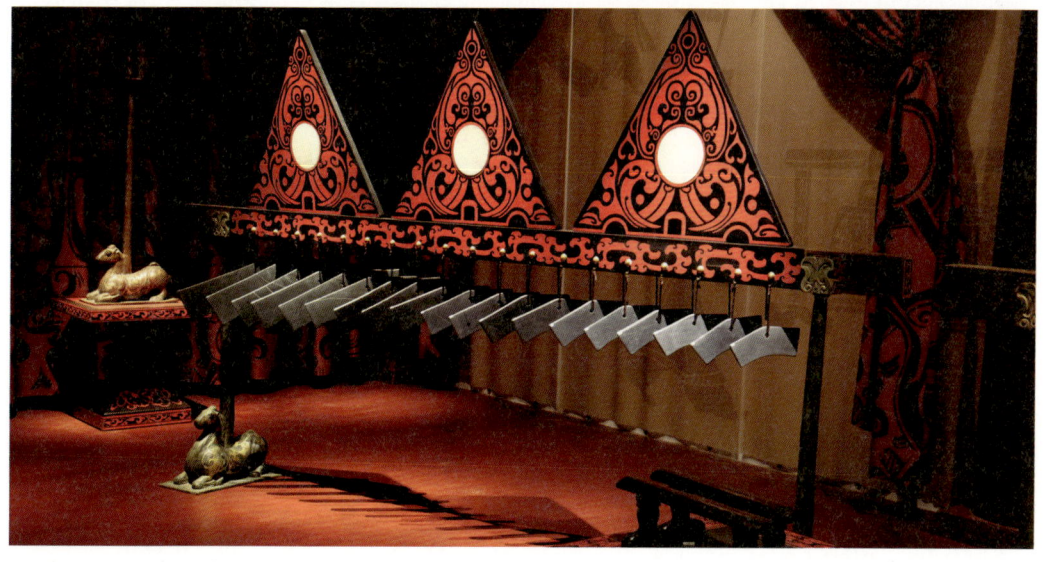

▲刘贺墓编磬编列复原

如果刘贺墓轩悬乐悬礼制的推论可信，就会面临新的矛盾，即刘贺的身份是列侯，怎么会殉葬体现诸侯王才能享有的乐悬礼制呢？刘贺墓发掘材料公布后，有学者根据丰富的出土文物，开展了刘贺墓是否"违制"的讨论[1]。

刘贺被废黜后，"软禁"在原昌邑王宫11年，元康三年（公元前63年）被分封为海昏侯，同时又规定不得参加朝请，剥夺了他作为列侯应有的参加宗庙祭祀的政治权利，不久又因与豫章太守府小吏孙万世的不当言语被扬州刺史柯检举而遭受"削户三千"的处罚[2]，沦落为食邑千户的小侯。刘贺死后，豫章太守廖上奏汉宣帝："舜封象于有鼻，死不为置后，以为暴乱之人不宜为太祖。海昏侯贺死，上当为后者子充国；充国死，复上弟奉亲；奉亲复死，是天绝之也。陛下圣仁，于贺甚厚，虽舜于象无以加也。宜以礼绝贺，以奉天意。愿下有司议。议皆以为不宜为立嗣，国除。""以礼绝贺"就是要从制度层面抹除刘贺的影响，废除海昏侯国。刘贺墓出土《除海昏侯国诏》第六号木牍记录了当时汉廷大臣廷议的意见，大臣一致认为：刘贺为"暴乱废绝之人，不宜为大祖。陛下恩德宜独施于贺身而已。"公卿会议后，宣帝采纳大臣的意见，下诏废除了海昏侯国。也就是说，刘贺下葬时，海昏侯国已经被废除了，刘贺也没有得到列侯应有的"谥号"，刘贺墓中没有发现显示刘贺身份的"海昏侯印"，却随葬了除国的物证《除海昏侯国诏》木牍。在西汉时期，列侯死后，汉政府派出官员到现场监督下葬事宜，确保依照相关规定完成葬礼。考古发现表明，刘贺墓是依汉制安葬的典型列侯墓，"甲"字形墓穴、7米高的封土，等等，墓室结构、规模都符合相关规定[3]。我们认为，刘贺家族一直生活在汉廷的严密监视下，他的家人没有胆量、也没有条件、更不可能僭越汉制来安排丧礼，尤其不可能为了礼制的需要，临时拼凑出三堵乐悬。编钟体现出来的拼凑现象，是刘贺生前的行为。西汉时期，青铜编钟属于铸造难度比较大的器物，需要专业作坊来组织生产，刘贺被废黜后，虽然仍能

---

[1] 张仲立、刘慧中：《海昏侯刘贺墓逾制几论》，《南方文物》2016年第3期。
[2] 彭明瀚：《走近海昏》，第26—27页，江西人民出版社，2023年。
[3] a. 江西省文物考古研究所等：《南昌市西汉海昏侯墓》，《考古》2016年第7期。
　　b. 信立祥：《西汉废帝、海昏侯刘贺墓考古发掘的价值及意义略论》，《南方文物》2016第3期。
　　c. 白云翔：《西汉王侯陵墓考古视野下海昏侯刘贺墓的观察》，《南方文物》2016年第3期。

第三章 青铜器专题研究

▲《除海昏侯国诏》第六号木牍

过着富裕的生活，但由于身份的限制，不可能定制体现乐悬礼制的成套青铜编钟，而他本人又酷爱音乐，只能在上官皇太后所赐原昌邑王府的编钟基础上进行拼凑，这便是墓中出土编钟形态多样、音律不同、钟腔内壁调音痕迹各异的原因所在。

  刘贺墓中之所以出土超出身份的乐悬、车马等，与刘贺被废黜时的特别安排有关。刘贺被废黜，昌邑王国也被废除了，但昌邑王府的财物没有按常例被查抄上交，刘贺也没有被发配到汉中房陵县。上官皇太后对刘贺庇护有加，把他安置到原昌邑国王宫，赐汤沐邑 2000 户以及原昌邑王府的财产，另赐昌邑哀王 4 个女儿汤沐邑各 1000 户。从这个角度来看，上官皇太后并没有把刘贺作为罪人对待，《汉书》中称其为"前昌邑王""故昌邑王"或"昌邑王贺"。刘贺墓中出土透着"王气"的所谓"违制"器物，是他做昌邑王时使用的东西，是皇太后的恩赐，"故王家财物皆与贺"[1]。这一部分物品，分封为海昏侯后，又从原昌邑王宫搬运到了豫章海昏侯家。西汉时期，事关礼制的器物，有着极为严苛的使用等级，不得僭越，这些东西，刘贺因得到皇太后的特许，可以继续享用，他的子孙因身份地位的原因不可继承，因此只能埋入墓中。

---

[1]《汉书》卷六十三，《武五子传》第三十三，中华书局，1962 年。

## 第二节

# 青铜镜的考古学研究

　　刘贺墓园共出土青铜镜 10 面，其中刘贺墓出土 7 面，与刘贺同一年下葬的刘贺长子刘充国墓出土 3 面，依形态，可以分为四型。关于刘贺墓出土铭文镜，已有一些研究成果在网络和刊物上公开发表，但由于作者没有细审实物，或没有机会观看实物，对铭文释读多有讹误。本文对这些青铜镜在分型的基础上进行综合分析。

　　A 型，矩形青铜镜，1 面。标本 M1:1415-2，高 70.3 厘米、宽 46.5 厘米、厚 1.2 厘米、重 20048 克，出土于刘贺墓主椁室西室中部漆榻南侧。长方形，镜面抛光。背面光素无纹，边缘有加厚宽边，中央和近边缘四角各有 1 个牛鼻穿。

　　类似的西汉大型青铜镜，这是第二次出土。1978 年至 1980 年山东省淄博市博物馆对山东省淄博市临淄区大武乡窝托村南西汉齐王陵陪葬坑进行发掘，5 号坑出土了 1 面高 115.1 厘米、宽 57.7 厘米、厚 1.2 厘米、重 56500 克的矩形青铜镜[1]，造型、大小与此镜相近，镜背也有 5 个小纽，学术界认为这 5 个纽是用于系组纫便于悬挂青铜镜。刘贺墓矩形青铜镜重 20 公斤，不便手持，出土时安装在孔子徒人图漆绘镜匣内[2]，为我们了解其使用方式提供了第一手材料。

---

[1] 山东省淄博市博物馆：《西汉齐王墓随葬器物坑》，《考古学报》1985 年第 2 期。
[2] 彭明瀚：《海昏藏美》，第 172—185 页，文物出版社，2022 年。

镜匣为长方形，由镜框和背板围合而成，高 96 厘米、宽 68 厘米。镜框围在铜镜四周，盖板（镜掩）在镜框内，有铜合页将盖板与镜框相连，可开合，镜掩闭合时镜框与盖板在一个平面上，背板与 5 个镜纽相应的位置开有海棠式小槽，用一个穿过镜纽的铜插销把铜镜镶嵌在背板上。由此可知当时此种大型青铜镜有与之配套的镜匣，纽的功能是便于把镜体固定在镜匣背板上。刘贺墓矩形青铜镜，镜匣高 96 厘米，约合汉制 4 尺。据《西京杂记》记载：秦咸阳宫中"有方镜，广四尺"，可能就是这种装有镜掩的矩形青铜镜。以前考古出土的秦汉青铜镜直径绝大多数在汉制一尺以内，人们对《西京杂记》所记高 4 尺的大型青铜镜存疑，大武齐王陵外藏坑出土高 115.1 厘米（约合汉制 5 尺）的青铜镜后，人们开始重新思考相关文献记载，刘贺墓再次出土大型青铜镜，进一步增加了相关文献的可信度。刘贺墓青铜镜伴出衣镜铭漆绘屏风[1]，称此镜为衣镜，让我们得以知道此镜在当时称衣镜，为我们给该镜命名提供了依据。该屏风因正好在盗洞边，被盗墓分子破坏，残损严重，尚在拼对、修复中，万幸的是《衣镜铭》部分保存基本完整。屏风正面红色漆地，用粗线条分割出上下两个独立的装饰区域，上方漆书《衣镜铭》，下方漆绘钟子期听琴图，背面绘写曾子、子张的像传[2]。《衣镜铭》铭文如下：

新就衣镜兮佳以明

质直见请兮政以方

幸得氽灵兮奉景光

修容侍侧兮辟非常

猛兽鸷虫兮守户房

据两蜚虡兮匜凶殃

---

[1] 该屏风，发掘者命名为衣镜赋屏风，王仁湘先生认为定名为衣镜铭屏风更符合汉代铜镜文化的实际，我们认为可取。参看王仁湘《南藩海昏侯》，第 166—169 页，生活·读书·新知三联书店，2022 年。

[2] 王楚宁：《江西南昌西汉海昏侯刘贺墓出土"孔子镜屏"复原研究》，《文物》2022 年第 3 期。

## 第三章　青铜器专题研究

傀伟奇物兮除不详

右白虎兮左仓龙

下有玄鹤兮上凤凰

西王母兮东王公

福憙所归兮淳恩臧

左右尚之兮日益昌

髤画圣人兮孔=子=

之徒颜回卜商

临观其意兮不亦康

□气和平兮顺阴阳

□寿万岁兮乐未央

□□□兮皆蒙庆

□□□凡十七言

▲ 衣镜铭漆屏风

# 吉金海昏——刘贺墓园出土青铜器

《衣镜铭》对衣镜的功能及上面的图案内容进行了描述，第一句直接点明主题，说此镜是穿衣镜，比如描写镜掩曰："猛兽鸷虫兮守户房，据两蜚虡兮囫凶殃，傀伟奇物兮除不详"，"蜚虡"即"飞虎"，表明立柱装饰了飞禽走兽图案。描写镜框曰："右白虎兮左仓龙，下有玄鹤兮上凤凰，西王母兮东王公，福憙所归兮淳恩臧，左右尚之兮日益昌"，对照衣镜实物，镜掩绘仙鹤衔珠立于祥云上；其左右镜框分别绘白色龙、虎图像；上框绘红色凤凰，凤凰左右两端分别是东王公和西王母；下框用白漆绘足踏螣蛇的龟形动物，即"玄鹤"图像。

▲ 孔子徒人图漆衣镜匣出土场景

▲孔子徒人图漆衣镜匣

▲A 型　矩形青铜镜

▲ 孔子徒人图漆衣镜匣复制品

▲ 漆奁出土状态　　　　▲ 透雕蟠龙纹青铜镜出土状态

B 型，透雕蟠龙纹青铜镜，1 面。M1:1878-14②，直径 18.2 厘米、纽高 1.5 厘米、缘厚 0.4 厘米，出土于刘贺墓内棺头厢 1 件银釦贴金漆奁内，是唯一一件出土于刘贺墓内棺的青铜镜。镜面和镜背各由一块铜板构成，镜面为一光面圆形铜板；镜背以镜纽为中心，透雕 4 只向心蟠龙，然后与镜面铆合为一体。这是典型的战国时期楚式镜。

▲B 型　透雕蟠龙纹青铜镜

C 型，贴金嵌宝石重圈青铜镜，1 面。标本 M1:560，直径 18.5 厘米、厚 1.5 厘米，出土于刘贺墓西藏椁中部一件漆奁内。圆形，素宽平缘，正面磨砺光洁。背面为半球状纽，柿蒂纹纽座，纽座外由 2 圈凸宽带纹把镜背面分割出内区、中区和外区三个区域。球状纽心、4 个柿蒂瓣中间、每瓣柿蒂之间有凹槽，以便镶嵌宝石，在柿蒂纽座与宽带纹之间的区域，贴饰金箔。中区贴饰一周三角形金箔。外区贴饰一周金箔，再在金箔上漆绘云气纹。中区、外区内分布有均匀的小孔，用于镶嵌宝石。镜缘铸造出 6 组朵花，每组朵花由中间 1 圆形凹槽和四周 4 个圆形凹槽组成，以便镶嵌宝石。

▲ C 型　贴金嵌宝石重圈青铜镜

D 型，连弧纹青铜镜，7 面。圆形，素宽平缘，正面磨砺光洁；背面为半球状纽，十二并蒂连珠纹纽座；外围绕一周凸宽带纹，其外饰内向八连弧纹一周，其间装饰简单几何纹。外区纹饰为铭文区，两周栉齿纹之间有铭文带，铭文格式主要有清白连弧纹镜、昭明连弧纹镜和日光连弧纹镜。依铭文内容，可以分为 4 个亚型。

Da 型，昭明连弧纹青铜镜，1 面。标本 M1:487，直径 15.2 厘米、厚 0.6 厘米，出土于刘贺墓西藏椁中部，盛放在一件银釦云纹漆三子奁内，伴出漆梳榎。圆形，素宽平缘，正面磨砺光洁；背面为半球状纽，十二并蒂连珠纹纽座；外围绕一周凸宽带纹，其外饰内向八连弧纹一周，其间装饰简单几何纹；连弧纹外为由 2 圈栉齿纹构成的铭文带一周，共四句 24 字："内清之以昭明，光辉象夫日月；心忽穆而愿忠，然雍塞而不泄。"字体似篆似隶，篆中带隶。

▲ 银釦云纹漆三子奁

▲ Da 型　昭明连弧纹青铜镜

昭明镜出现于西汉中后期,至东汉早期就很少见了。此式镜一般直径在 8-12 厘米之间,圆纽,纽座有圆座、连珠纹座、四叶纹座 3 种,以前两种居多。根据内区纹饰又分成昭明连弧纹镜和昭明圈带镜,连弧纹又有八弧和十二弧之分,刘贺墓昭明镜为八连弧,属西汉中后期流行的连弧纹镜。

汉代铜镜背面多有铭文,昭明镜铭文标准内容为四句六言诗,共计 24 字:"内清质以昭明,光辉象夫日月。心忽穆而愿忠,然雍塞而不泄。""内"即"纳","辉"即"辉";"忽穆"即"沕穆",意即深微之貌;"愿忠"即"愿忠";"雍塞"即"壅塞";"不泄"本作"不彻"[1],汉武帝以后为了避武帝讳才改成"不泄",国家博物馆收藏一面昭明镜,作"不彻"[2]。文献中为避武帝讳通常改"彻"为"通",但昭明镜铭为了押韵需要,改"彻"为"泄","月""泄"押月部韵。昭明镜铭文内容以赞美铜镜的质量和使用功能为主,文辞朴实,对研究汉代文学有一定的史料价值。但一般铜镜上铭文不完整,有的字与字之间填上一个"而"形符号,字体多方折。此镜铭文为标准式样,仅以"之"

▲ 西汉昭明青铜镜,南昌汉墓出土

---

[1] a. 李零:《读梁鉴藏镜四篇:读汉镜铭文中的女性赋体诗》,《中国文化》2012 年第 1 期。
    b. 裘锡圭:《昭明镜铭文中的"忽穆"》,裘锡圭《古文字论集》,第 633 页,中华书局,1992 年。
[2] 苏强:《国博馆藏西汉新莽铜镜的类型与分期》,《中国国家博物馆馆刊》2013 年第 5 期。

作为"质"的通假字；镜体铸造精工，铭文刻写规整，保存良好，属于同类汉镜的标准器，与漆梳椸一同存放在漆奁内，器物之间的组合关系清楚，为我们研究西汉铜镜文化提供了珍贵的资料。

昭明镜书体可分为两种，一种是篆隶式变体，似篆似隶，篆中带隶，字体活泼，流畅秀美，圆笔中带有方笔，基本可以看出当时书体从篆书向隶书蜕变的端倪，常见于完整铭文的铜镜中，以连珠纹纽座昭明镜居多。另一种则字体方正，与汉代铜印印文的缪篆如出一辙，特别是字与字之间夹着"而"形符号，使整个铭文圈带呈现出一种固有的韵律美，常见于省字减句夹字的圆纽座昭明连弧纹镜。

Db 型，清白连弧纹青铜镜，3 面。造型、装饰风格与前述昭明镜相近，其中 2 面镜背相对叠放，出土于刘贺墓主椁室西室中部孔子徒人图漆衣镜匣旁一件漆奁内。标本 M1∶1490，直径 17 厘米、缘厚 0.5 厘米。铭文共六句 30 字："絜精白而事君，志驩之合眀；彼玄锡之泽，恐疏远而日忘。怀美之穷□豐，丞驩之。"

▲ 清白连弧纹青铜镜出土场景

吉金海昏——刘贺墓园出土青铜器

▲Db 型　清白连弧纹青铜镜

▲精白连弧纹青铜镜

标本 M1:1489，直径 15.2 厘米、缘厚 0.6 厘米。保存不佳，因锈蚀严重，部分铭文无法释读，大致有八句 32 字："絜清白而事君，志驩之合眀；彼玄锡之□，恐远日忘。怀美之□，丞驩□□；之景，毋绝。"

▲清白连弧纹青铜镜，刘充国墓出土

标本 M5:S-11-2，直径 17.5 厘米、缘厚 0.8 厘米，出土于刘充国墓内棺头厢一件漆奁内。铭文共七句 34 字："絜清白而事君，志污之弇眀；玄锡之泽流，恐疏而日忘美人。外承可兑；□景，愿永思毋绝。"

清白镜作为汉代铭文镜的一种，其形制、铭文大致相同，但常有减字减句或更字换句的现象，甚至整句脱去，字体简率，大多数铜镜即使字省去也可粗通，有的文句不通，只有参合诸铭，才能通读。刘贺墓清白镜属于典型的减字减句清白镜。完整的清白镜铭文为两首六言诗，共八句 48 字："絜清白而事君，怨污驩之弇明；汲玄锡之流泽，恐疏远而日忘。怀糜美之穷嗌，外承驩之可悦；慕窔佻之灵景，愿永思而毋绝[1]。"前一首诗，"明""忘"押阳部韵；后一首诗，"悦""绝"押月部韵。"絜"

---

[1] 程林泉、韩国河：《长安铜镜》，图 7-2，陕西人民出版社，2002 年。

即"洁";"志，意也"，意即思虑与惦念;"污"即"汙"，读为"阏"，意即郁结;"驩"即"欢"。西汉晚期流行的"君忘忘"铭文镜"心污结而独愁，明知非不可处，志所驩不能已"之句有助于我们理解"志污驩"的意思，第二句的大意是：心念郁郁寡欢，让明镜蒙尘无光。"伋"即"彼"，"穷噎"指身体，其语义大致为叙说思念、永勿相忘之意，文辞生动优美，寓意深刻。前一首诗大意是夸扬铜镜质地优良，镜面清澈。后一首诗则是表达照镜人内心的向往和追求，散发着对世事的忧伤，有浓郁的汉乐府韵味，字句间流露出相思之苦、离别之痛，体现着世俗气息，无俗媚矫作之态，充满动人的魅力。清白镜因为字数较多，镜面空间有限，省字漏句现象普遍。汉镜铭文多见异体字、同声字，字体也多不规范，减笔、省偏旁或反写的情况比较常见，有时甚至省到令人难以辨认的地步，清白镜铭文尤甚。刘贺墓清白镜铭文八句32字，共减省16字；精白镜铭文30字，省略了最后二句，共减省18字。两镜铭文内容、字体大体相同，减字漏句方面有差异。"合""泽流""疏远"等字笔画皆有减省，"合"系"弇"之省，"昒"即"明"，"丞驩"即"承欢"，"可兑"即"可悦"。"丞驩"与"承欢"，"兑"与"悦"皆因同音而借用。"精白"即"清白"，二者混用现象在汉镜中较为常见，或认为是讹误，其实二者文意皆可通，可能是当时的一种用字习惯。

　　刘充国墓清白镜铭文格式与刘贺墓清白镜不同，属于清白镜铭文的一种变体。标准的清白镜铭文母本之外的变体，共八句54字："絜清白而事君兮，怨污驩之弇明；伋玄锡之流泽兮，恐疏远而日忘美人。怀糜美之穷皑兮，外承驩之可悦；慕窔佻之灵景兮，愿永思而毋绝。"[1]与标准清白镜铭文相比，第一、三、五、七句多了"兮"字，第四句多了"美人"，这便是刘充国墓清白镜铭文所本。刘充国墓清白镜铭文与此相比，第一、三、五、七句末省略了"兮"字，第二句省略了"驩"字，第三句省略了"伋"字，"流泽"作"泽流"，第四句省略了"远"字，第五句脱漏，第六句省略了"驩之"二字，第七句省略了"慕窔佻之"四字，第八句省略了"而"字。或认为"泽流"是"流泽"讹误，我们认为作"泽流"，文句亦可通，不一定属于讹误，可能是当时的一种用词习惯，《史记》,《汉书》中均有"泽流"一词。"泽流"在汉

---

[1] [日]石川三佐男著、陈钰译：《蟠螭纹精白镜铭文和楚辞》,《云梦学刊》2008年第2期。

代清白镜变体式铭文中常见,比如徐州东洞山楚国王后赵姬墓出土的昭明清白重圈镜,就是属于此格式,同样作"泽流"[1]。

Dc型,日光清白连弧纹青铜镜,1面。标本M1:18-2,圆形,直径18厘米、缘厚0.6厘米,出土于刘贺墓西藏椁一件云纹漆奁内。素宽平缘,正面磨砺光洁。背面为半球状纽,十二并蒂连珠纹纽座;外围绕一周栉齿纹和一周凸宽带纹。内区饰内向八连弧纹一周,弧间饰变形鸟纹,弧背有铭文8字:"见目之光,相忘驩象"。外区环绕由2圈栉齿纹构成的铭文带一周,起句首字安排在镜纽孔一侧延长线上,有铭文七句32字:"絜清而白事君,志污之弇吻;玄锡之泽流,疏而日忘美人。外丞可兑,景;愿永思绝象"。此镜铭文分内外两区,内区为日光铭文,外区为清白铭文,我们姑且称之为"日光清白镜"。

▲ 云纹漆奁

---

[1] 徐州博物馆:《徐州石桥汉墓清理报告》,《文物》1984年第11期。

▲ Dc 型　日光清白连弧纹青铜镜

  圈带铭文镜主要流行于西汉中晚期,是西汉铭文镜中一个主要门类,分单圈铭文镜与重圈铭文镜。单圈铭文镜内区为几何纹带,外区为铭文带;重圈铭文镜内外区均为铭文带,是单圈铭文镜的发展,内区的几何纹带被铭文带取代,常见的有日光清白镜、日光昭明镜、昭明铜华镜、昭明皎光镜等十余种。单圈铭文镜最常见者为昭明、日光两镜,多为汉制六寸以下的小镜,数量最多,流传最广。刘贺墓园出土昭明镜、清白镜和日光清白镜,均为单圈铭文镜,是西汉晚期流行的铜镜式样。

  日光清白镜铭文分内外区,但构图方式又与常见的重圈铭文镜明显不同,内区装饰的主体是几何纹,铭文安排在 8 个连弧纹之间,处于配角地位,起补白作用,因此仍属于连弧纹青铜镜。这种构图方式在西汉早中期的连弧纹青铜镜中偶有发现,是单圈铭文镜向重圈铭文镜演进的中间形态。刘充国墓也出土了一面风格相近的日光清白镜,因残缺,无法释读全部文字,但足以表明此式镜并不是孤例。

日光清白镜内区铭文"见目之光，相忘驩象"少见，"目"当为"日"之讹误，可以视为日光镜一个变体。外区铭文与刘充国墓清白镜铭文接近，属于标准清白镜铭文之外的一种变体，该镜外区铭文与此接近，有铭文七句32字，共减省22字，第一、三、五、七句末省略了"兮"字，"絜清白而事君"讹误成"絜清而白事君"，第二句省略了"驩"字，第三句省略了"伋"字，第四句省略了"恐""远"二字，第五句脱漏，第六句省略了"驩之"二字，第七句省略了"慕窔佻之灵"五字，第八句省略了"而毋"二字，多了"象"字。

参合上述 Db、Dc 两个亚型，计 5 面同一年、同一墓地埋藏的清白镜铭文，也凑不出完整清白镜铭文母本，足见当时清白镜减字漏句现象之普遍。由于当时文化普及程度不高，一般工匠文化水平有限，甚至不识字，只是依样画葫芦或师徒传授，出错在所难免，在制模过程中未能精心设计排版，有时因镜面空间所能容纳字数的局限，随意删减文句也是常有的事。对使用者来说，铭文与纹饰共同构成了装饰图案系统，其装饰意味高于文字内容本身，重要的是式样，所书字数多少，依镜面大小来安排，至于错字别字、夺字省句、添字加句等现象并不太重要，加之铜镜铭文又是当时流行的套语，文句浅显易懂，在上下文的特定语境中，观镜者通过关键的词句能联想起铭文的母本，不会影响使用者理解铭文的意境。

日光清白镜内圈铭文既有篆书笔法，又略带隶书笔意，如"见目""相""忘"是标准的小篆，"之""光""驩"为隶书，笔画方折，既有篆书笔法，也有隶书笔意，"象"则是一个反写的商周时期象形字。铭文的篆刻者运锥似笔，轻起轻落，使笔道圆润地游走，线条极富弹性。篆法极其精妙，构架中收外扬，笔画富于变化，其结体和用笔与旁边的鸟纹相互呼应，装饰纹样与铭文之间达到和谐的艺术美。外区铭文字体略显方正，属于篆隶式变体，似篆似隶，隶中带篆，篆隶混杂，由于受隶变和八分的影响，许多笔画的起笔和收笔常呈楔形，笔划两端膨大若匙形，带有汉隶的顿挫、拨挑的笔法雏形，结体放纵恣肆，不拘成法。这类书体，转折处笔画方折，笔势灵动；结体方正规矩，构架横平竖直，似殿宇梁柱；运笔凝重沉稳，其势排山倒海；笔力放纵，风度洒脱；铭文中还有极少数的笔画仍保留着圆转的笔道，但从其整体风格来看，体现了隶书追求实用、简洁的特点，不失结体方正之规范，已经接近隶变的尾声，这是西汉晚期铭文镜中所独创的一种篆隶美术体,少数字体开始隶变为成熟隶书,是早期的圆转篆隶向晚期的方正篆隶演变的一种过渡形态,也是篆书向隶书演变的物证。此镜内区日光铭文为形体圆转颀长的半篆半隶体,外区清白铭文为方正的准隶书体,两种不同书体风格的铭文共存于镜背狭小的空间内,二者风格迥异,一个圆转颀长,一个平直方正;一个恣肆自如,一个古朴自然,看似格格不入,实质上又和谐统一,既丰富了铭文的书写形式,又增强了文字的装饰性,平添审美意趣,给人以独特的美感。

Dd 型,久不相见连弧纹青铜镜,1 面。标本 M5:S-10-2,直径 8.2 厘米、厚 0.5 厘米,出土于刘充国墓内棺头厢一件漆奁内,伴出青铜刷柄。圆形,造型、装饰与前述昭明镜相近,铭文共两句 8 字:"久不相见,长毋相忘",因为铭文字数少,为了美观,每个字之间以变形"毋"字符或卷云纹相隔,隔字成句。铭文字体造型取竖长结构,点画较纤细,除少数字转折处笔画方折外,线条形体屈曲圆转,笔画压力强弱变化较少,篆意较浓,属于篆隶体的前期阶段。用作铭文间隔的云纹回旋之形状与篆隶圆弧线条之间相互呼应,特有的回旋动感增添了篆隶书飘逸流利的动态美。

▲ 久不相见连弧纹青铜镜

李零先生认为这类铭文为汉代流行的女性赋体诗，铭文"长毋相忘""恐疏远而日忘""愿永思而毋绝"，就是这类赋体诗的套语，以表达女子的思念之情[1]。相思类铭文镜是汉代流行时间最长的镜种，汉武帝以前多见于四乳铭文镜、草叶铭文镜，汉武帝以后则以连弧纹铭文镜和圈带铭文镜居多，此镜实际上是日光镜铭文的一个变体。日光镜铭文共两句8字，常见"见日之光，长乐未央""见日之光，天下大明""见日之光，长毋相忘"等格式。此式铭文，常见于汉制六寸以下的小镜。

铜镜背面铸铭文是战国晚期出现的一种新式样，经过西汉早期的发展，至汉武帝时期，取代纹饰成为铜镜装饰的主题，使得铜镜装饰充满诗情画意。铭文装饰是汉镜创新的重要标志，成为西汉中晚期铜镜鲜明的时代特征。西汉铜镜铭文，内容丰富，朴素真挚，所反映的多为当时人们追求富贵安定、逸乐长寿的生活，是西汉社会时代风尚、审美情趣和思想文化的缩影，更是当时工艺美术世俗化、生活化的真实写照。刘贺墓园出土的铜镜不仅数量多，而且纹饰精美，铭文规范，镜种较多，在西汉列侯墓中少见，富有鲜明的时代特色，具有较高的历史研究价值和科学艺术价值，为西汉晚期铭文镜研究提供了断代标尺。刘贺墓园出土青铜镜，墓主身份明确，埋藏年代准确，为铜镜的使用等级研究提供了新资料。虽然文献上没有记载汉代铜镜使用的等级制度，但考古发现表明铜镜的大小、品质与墓主人的身份有关系，诸侯王多使用汉制八寸以上的大铜镜。比如，江苏省徐州市拖龙山楚王陵出土的昭明清白重圈青铜镜，直径19.2厘米[2]；江苏省徐州市东洞山三号墓出土的日光青铜镜，直径17.5厘米[3]；江苏省盱眙县大云山江都王陵出土的日光草叶纹铜镜，十六内向连弧，直径21.4厘米[4]；湖南省长沙市望城风篷岭长沙国王后墓出土的清白青铜镜，直径16.6厘米[5]；山东省淄博市临淄区大武乡西汉齐王陵5号陪葬坑出土4面连弧纹青铜镜，直径24厘米[6]。刘贺墓出土青铜镜与上述诸侯王陵出土青铜镜情况相近，均为大型镜，镜体

---

[1] 李零：《读梁鉴藏镜四篇：读汉镜铭文中的女性赋体诗》，《中国文化》2012年第1期。
[2] 刘尊志：《徐州两汉诸侯王墓研究》，《考古学报》2011年第1期。
[3] 孟强：《徐州东洞山三号墓的发掘及对东洞山汉墓的再认识》，《东南文化》2003年第7期。
[4] 南京博物院等：《江苏盱眙县大云山西汉江都王陵一号墓》，《考古》2013年第10期。
[5] 长沙市文物考古研究所等：《湖南望城风篷岭汉墓发掘简报》，《文物》2007年第12期。
[1] 山东省淄博市博物馆：《西汉齐王墓随葬器物坑》，《考古学报》1985年第2期。

厚重，镜面光洁，更有高达70厘米的衣镜，与刘充国墓中出土汉制六寸以下的小型镜形成鲜明对比。

▲日光草叶纹青铜镜，江都王陵出土

## 第三节

# 青铜灯的考古学研究

　　青铜灯出现于战国时期，盛行于西汉。汉代是我国灯具发展史上最重要的时代，青铜灯形式多样，结构合理，精巧实用，达到了前所未有的高度。西汉青铜灯种类主要有豆形灯、耳杯形灯、盘形灯、动物形灯、人俑形灯、卮形灯、多枝灯、釭灯，等等，在贵族墓中常有青铜灯出土，数量多寡、精美程度因墓主人身份地位而异。刘贺墓园出土各式青铜灯26件，其中刘贺墓出土釭灯6件、豆形灯13件、五枝灯2件、行灯2件、雁足灯1件，刘充国墓出土青铜连盘灯2件，这是目前所见西汉时期大型墓葬出土青铜灯具数量最多、品类最丰富的一例。这些青铜灯具，造型各异，尺度适宜，功能合理，既可以消烟除尘，又能挡风调光，有的还可以拆洗，达到了科学性、实用性与艺术性的统一。依造型特征，可以分为六型。

　　A型，豆形灯，13件。因其与豆造型相近而得名。灯盘圆口，直壁，平底，喇叭形圈足，细座柄，中腰作倒葫芦状隆起。依灯体铸造方式、灯盘中心是否有烛钎，可以分为三亚型。

　　Aa型，5件。灯盘中心突起一锥形烛钎即火主，灯盘外壁阴刻铭文，分别出土于刘贺墓西藏椁、南藏椁、徼道东南角和主椁室东室。

　　标本M1:1343，灯盘口径12.2厘米、深1.8厘米、底座径10.9厘米、高23厘

吉金海昏——刘贺墓园出土青铜器

▲ 昌邑籍田青铜灯

## 第三章　青铜器专题研究

米，出土于刘贺墓南徼道东部靠近主椁室东室两门处，满足墓主人出门照明需要。灯盘外壁阴刻篆隶体铭文"昌邑籍田烛定第一"。"昌邑"即刘贺受封的昌邑王国，"籍田"是西汉一种农耕礼仪[1]。"烛"即火炬，读如《新语》"灯烛尽，当益其脂，易其烛"[2]。孙机先生认为，汉代火炬用麻蒸，即剥去麻皮后的麻秆[3]。传世文物枸家青铜灯，灯座阴刻铭文"枸家铜烛定高八寸重七斤十二两"[4]。西汉出土有铭青铜灯，绝大多数自铭为"镫"或"登"，个别自铭为"锭"或"定"。比如，河北省满城县中山靖王刘胜夫妇墓出土青铜灯，均自铭为"镫"[5]。东汉许慎《说文解字》中，灯、锭二字互训，灯，"锭也"，锭，"灯也"[6]。赵堉燊先生全面梳理出土自铭为"锭""定"的青铜灯后，发现此类青铜灯集中出土于山东、河北地区。赵先生认为，山东、河北地区青铜灯自铭为"锭"或"定"，与齐、赵方言有关。上古音"镫"属端母蒸部，"锭"属定母耕部，两者韵部不近，但在齐、赵方言中，蒸部、耕部字可合韵，故在这一文化区中"镫""锭"可互用[7]。海昏侯刘贺墓出土8件自铭为"定"的青铜灯，全部为昌邑二年铸造，系原昌邑王国的旧物，刘贺被封为海昏侯后，把原昌邑王国的财物带入豫章郡，其铸造地仍然是山东，与赵先生的推论并不矛盾。

---

[1] 彭明瀚：《海昏藏美》，第60—65页，文物出版社，2022年。
[2] 桓谭：《新论》卷八，《祛蔽》，中华书局，2009年。
[3] 孙机：《汉代物质资料图说》（增订本），第405页，上海古籍出版社，2011年。
[4] 刁淑琴：《西汉枸家铜灯铭文考略》，《四川文物》2011年第5期。
[5] 吴杏金：《满城汉墓出土之灯具研究》，《文物春秋》2009年第1期。
[6] 许慎撰、段玉裁注：《说文解字注》十四篇上，《金部》，上海古籍出版社，1981年。
[7] 赵堉燊：《西汉铜灯自铭"锭"补说》，《简帛》2022年第2期。

## 吉金海昏——刘贺墓园出土青铜器

▲ 南昌青铜灯

标本 M1：1048，灯盘口径 11.5 厘米、深 1.8 厘米，底座径 12.2 厘米、高 21.6 厘米，出土于刘贺墓西藏椁中部。灯盘、灯座外壁分别阴刻隶书铭文"南昌"，说明该灯具是南昌城某个作坊生产的物品，这是刘贺墓出土青铜器中唯一一件可以确定是南昌生产的青铜器。南昌是西汉豫章郡十八县之一，南昌城是郡治所在，海昏侯国与南昌县相邻，两地有赣江水道相通。

标本 M1：1732，灯盘口径 12.5 厘米、深 1.8 厘米，底座径 11.5 厘米、高 26.5 厘米，出土于刘贺墓主椁室东室南部。灯盘外壁阴刻篆隶体铭文"李姬家定"。在汉代，诸侯王、列侯之正妻分别称"王后""夫人"，众妾通称"姬"，《汉书》称刘贺有妻妾 16 人[1]，没有提到她们的姓名，该青铜灯铭文显示，其中一人姓李。西藏椁中部出土 1 件李姬青铜灯，伴出 20 多件李具漆耳杯，可能与李姬有关。

---

[1]《汉书》卷六十三，《武五子传》第三十三，中华书局，1962 年。

第三章 青铜器专题研究

▲李姬青铜灯

▲李具漆耳杯

219

Ab型，1件，造型与Aa型相近，区别在于灯盘与灯座之间的铸接方式不同，且没有铭文，是刘贺墓出土青铜豆形灯中唯一没有铭文者。标本M1∶862，灯盘口径16.5厘米、深2.3厘米，底座径13厘米、高28厘米，出土于刘贺墓西藏椁南部。灯盘与灯座分铸，灯盘下有一个矮圆柱，对穿一孔；灯座上部有一圆形銎，对穿一孔，灯盘插入圆銎内，用铆钉穿过二者的穿孔，把灯盘固定在灯座上。河北省满城县中山靖王刘胜夫妇墓出土的4件豆形青铜灯[1]，都属于此类。

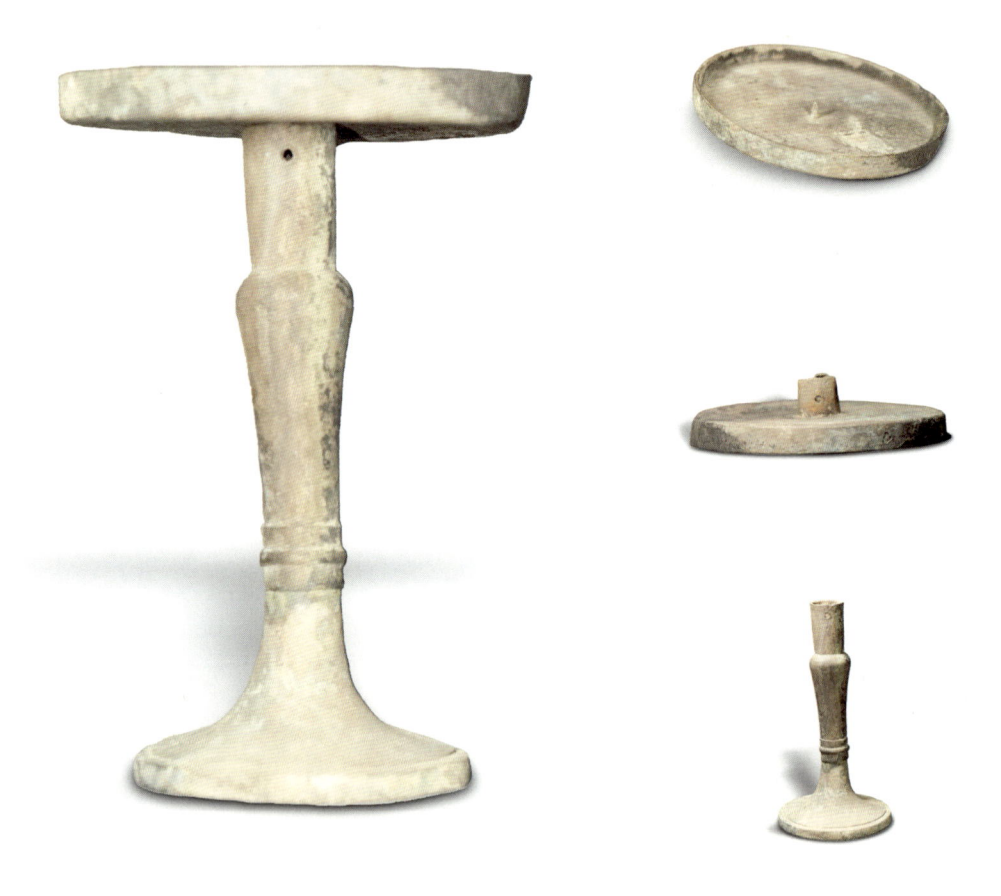

▲ Ab型 青铜灯

[1] 吴杏全：《满城汉墓出土之灯具研究》，《文物春秋》2009年第1期。

第三章 青铜器专题研究

Ac型，7件，造型相同，大小相近，出土于刘贺墓北藏椁、西藏椁和主椁室东室、西室，外壁刻画"昌邑"铭文，均为昌邑二年造，只是重量略有差异。与Aa型灯相比，灯盘略大，灯体略高，约合汉制一尺二寸，盘心没有烛钎。标本M1:1481，灯盘口径16.4厘米、深2.3厘米，底座径13.9厘米、高28.2厘米，出土于刘贺墓西室漆榻旁，伴出青铜薰炉、青铜博山炉和青铜臼、杵等。灯盘外壁阴刻篆隶体铭文"昌邑宦谒烛定重六斤十两二年造"。

"二年"是原昌邑王国的纪年，即"昌邑二年"，前文提到的铭文锅，有6件系"昌邑二年造"，即昌邑二年王国工官主持铸造。昌邑王国当年与其他诸侯国一样，设有工官，虽然同墓所出铭文青铜器没有反映昌邑王国工官信息，但同墓所出昌邑七年漆瑟禁铭文"礼乐长臣乃始令史臣福瑟工臣成臣定造"，记录了工官的一些信息，表明制作该瑟的参与者有乐器管理部门长官"礼乐长"和工官文书"令史"以及"瑟工"成、定。另外，刘贺墓南徼道东部青铜漏壶旁出土了1件陶灯，呈豆形，盘心无火主，尚残存未燃尽的蜡少许，属于此型灯。

▲ 昌邑七年漆瑟禁

221

# 吉金海昏——刘贺墓园出土青铜器

▲Ac 型　昌邑青铜灯

▲陶灯

▲ B 型　连盘青铜灯

B型，连盘灯，2件，造型相同，大小相近，均出土于刘充国墓。与A型灯相比，座底多一个浑铸的灯盘。此型灯，有自铭为"盘锭"者。比如，河北省满城县中山王刘胜墓出土1件，灯盘外壁阴刻铭文："御铜盘锭一"[1]。标本M5∶123，灯盘口径8.3厘米、深1.4厘米，承盘口径13厘米、高1.7厘米，通高13.5厘米。

C型，雁足灯，1件。标本M1∶1681，口径15.5厘米、底座长9.1厘米、宽7.9厘米、高25.5厘米，刘贺墓主椁室西室南部出土。圆环形凹槽灯盘，直壁，平底，下承雁足形灯座，底座空心，近梯形，前方后圆，正面三足趾平展，趾间有蹼。雁足灯柱后侧有一道竖状凸棱，中部饰一周宽带凸箍。出土时，灯盘内盛满蜡。

---

[1] 吴杏金：《满城汉墓出土之灯具研究》，《文物春秋》2009年第1期。

吉金海昏——刘贺墓园出土青铜器

▲C 型　雁足青铜灯

## 第三章　青铜器专题研究

此类铜灯，出现于战国时期，西汉开始流行，有自铭为"雁足灯"者。比如，1970年陕西省宝鸡市陈仓公社六甲村汉墓出土建昭青铜灯，灯盘底阴刻隶书铭文"建昭三年考工工宪造铜雁足镫"[1]，建昭是西汉元帝刘奭的第3个年号，建昭三年即公元前36年。

D型，行灯，2件，刘贺墓主椁室东、西室各出土1件，造型相同，大小相近。标本M1:1749，灯盘与承盘2件1套，出土于东室南部。灯盘口径13厘米、鋬长16.6厘米，承盘口径23.8厘米、通高9.6厘米。浅圆形灯盘，直壁浅腹，平底，三半圆形蹄足，灯盘一侧伸出圭首形鋬。承盘呈圆形，敞口，平沿外折，浅腹，下腹内收成平底。

此型灯在西汉大型贵族墓中比较常见，河北省满城县中山王刘胜墓中出土1件，灯盘外壁阴刻铭文，自铭为"拈锭"，承盘口沿阴刻铭文，自铭为"锭盘"[2]。山西省朔县煤炭部物资供应公司工地51号西汉后期墓葬出土青铜行灯，腹部外壁阴刻篆隶体铭文"成山宫行镫重二斤五凤二年造"[3]。陕西省武功县杨陵公社徐西湾出土青铜行灯，匙状鋬上阴刻隶书铭文"阳邑铜烛行锭重三斤十二两初元年三月河东造第三"[4]。此型灯，从考古出土实物来看，自铭为"行灯"者更为常见，因此，我们倾向于将其命名为行灯。

---

[1] a. 李仲操：《汉建昭雁足灯考》，《考古与文物》1988年第2期。
　　b. 张经：《青铜雁足灯的考古学观察》，北京大学出土文献与古代文明研究所编《青铜器与金文》第七辑，上海古籍出版社，2021年。
[2] 吴杏金：《满城汉墓出土之灯具研究》，《文物春秋》2009年第1期。
[3] 平朔考古队：《山西朔县秦汉墓发掘简报》，《文物》1987年第6期。
[4] 陕西省文物考古研究所、武功县文化馆：《记武功县出土的汉代铜器》，《考古与文物》1980年第1期。

吉金海昏——刘贺墓园出土青铜器

▲ D型 青铜行灯

E型，釭灯，6件。依导烟管形态，可以分为单管和双管二亚型。

Ea型，雁鱼青铜釭灯，2件，造型相同，大小相近，装饰风格一致，出土于刘贺墓北藏椁东部靠近编甬钟架处。灯外形呈雁顾首衔鱼伫立状，由灯盖、灯罩、灯盘、灯座4部分组成，各部分分别铸造，套合成器，可以自由拆装，便于擦洗，组成一件能够控烟吸油、奇巧实用的环保灯具，属于西汉众多动物形釭灯一种，造型写实，制作精良，将中国古代灯具柔美典雅、巧夺天工的神韵展现得淋漓尽致，极富时代特色，为西汉青铜灯中的精品。

▲ 雁鱼青铜釭灯出土场景

▲ Ea型 雁鱼青铜釭灯

## 吉金海昏——刘贺墓园出土青铜器

出土时分为3个标本号。标本M1:402，鱼身长17.5厘米、雁足高13.7厘米、通高50.8厘米。顾首衔鱼伫立状，包括雁身灯座和雁首衔鱼形灯盖。雁身为灯座，体内中空，两范合铸，双腿分铸后焊接。雁的造型生动形象，额顶有冠，双眼圆睁，脖颈修长，雁身近长椭圆状，中空，上部有一凸出的承接灯盘的圆形短直口，弧鼓腹，两侧饰有羽毛，短尾微翘，双足并立，蹼爪张开。雁喙衔鱼，鱼身短肥，下接灯盖；鱼下腹开口，巧妙地为灯盖留出了位置。雁鱼青铜釭灯整体造型作雁伫立回首张口衔鱼状，恰到好处地把灯盘安置在中心部位，保证了灯体重心稳定，古朴优雅，精致独特。

▲ 雁鱼青铜釭灯

标本M1:408，圆形灯盘，直径10厘米、盘深1.2厘米、圈足径5厘米、柄长10厘米、通高5厘米，出土时散落在标本M1:402旁。直壁，浅腹，一侧伸出圭首状灯柄，盘内有2道直壁圈沿，内高外低，与鱼下腹的直壁圈沿相对应，便于插入两片弧形翳板；外底直壁圈沿以子母口的形式套接在雁背的直口内。

▲ 青铜灯盘

228

标本 M1:405，灯罩，2 片，造型相同，大小相近，高 8.3 厘米，出土时散落在标本 M1:402 旁一件青铜匜内。呈圆弧形，翳板宽度略大于半个圆周，一内一外同时插入灯盘圈沿内，与灯盖的直壁圈沿相对应，构成可以左右开合的灯罩，其作用除配合导烟管控制灯烟外，还可以根据风向和使用者的要求，随意调节翳板的开合方向和开启程度，从而达到挡风和调节灯光亮度以及光照方向的目的。

▲青铜灯罩出土场景

▲青铜灯罩

## 吉金海昏——刘贺墓园出土青铜器

国内出土、公开报道的西汉雁鱼青铜釭灯除刘贺墓外，还有6件。1982年山西省朔县城西照什八庄西汉晚期一号墓出土1件，由雁首颈、雁身、灯罩、灯盘4部分构成，雁额顶有冠，绘红彩，雁、鱼通身施翠绿彩，在雁、鱼、灯罩上以墨线勾出翎羽、鳞片和夔龙纹[1]。1985年陕西省榆林市神木县店塔村西汉墓出土1件，由雁首颈、雁身、灯罩、灯盘4部分构成；通体绘红、白彩，喙、腿下关节及蹼涂朱，眼圈、头部羽毛勾白，颈、腹及背部外饰朱鳞纹，内点白心，眼睛点黑，两翅硬羽轮廓隆起[2]。1986年山西省襄汾县吴兴庄出土1件，造型、彩绘风格与照什八庄出土同类灯基本一致[3]。2012年河北省蔚县杨庄窠乡出土1件，造型、彩绘风格与照什八庄出土同类灯基本一致[4]。2018年山西省闻喜县邱家庄出土1件，造型、彩绘风格与照什八庄出土同类灯基本一致[5]。2018年河南洛阳西工区纱厂西路西汉墓出土1件，造型、彩绘风格与照什八庄出土同类灯基本一致[6]。刘贺墓雁鱼灯成对出土，在汉代考古发现中尚属首次，也是长江以南地区该类青铜灯具的首次出土，墓主身份清楚、下葬时间确切，为我们研究该类青铜灯具提供了第一手材料。

▲ 雁鱼青铜釭灯，襄汾县吴兴庄出土

---

[1] 平朔考古队：《山西朔县秦汉墓发掘简报》，《文物》1987年第6期。
[2] 张钟权：《神木县出土一件铜彩绘鹅鱼灯》，《文博》1986年第6期。
[3] 李学文：《山西襄汾县吴兴庄汉墓出土铜器》，《考古》1989年第11期。
[4] www.yxmuseum.cn。
[5] 山西省公安厅、山西省文物局：《国宝回家：2018山西公安机关打击文物犯罪成果精粹》，第192-193页，文物出版社，2018年。
[6] 洛阳市文物考古研究院：《河南洛阳纱厂路西汉大墓》，《大众考古》2020年第3期。

Eb型，炉式双管青铜釭灯，共4件，分别出土于刘贺墓西藏椁北部、南藏椁东部、南藏椁西部和主椁室西室，素面无纹，造型相同、大小相近。由炉形灯盖、灯盘、灯罩、灯座4部分组成，灯座呈三足炉式，直口，球腹，肩部两侧向上各伸出弧形圆管，圜底，下承3只半圆形蹄足。灯盘作圆形，双层直壁，内高外低，浅腹，一侧附有中空长条形錾，盘心有一圆锥形火主；外底直壁圈沿以子母口的形式套接在炉式灯座口沿外。灯盖呈倒悬的钵形，恰好套在灯罩的上端；盖顶伸出圆管分成两股，弯曲下垂，有子口与灯座肩部左右向上伸出的一对圆管套接，组成出烟管。灯罩为2片同样大小的弧形翳板，每片宽度略大于半个圆周，一内一外同时插入灯盘圈沿内，与灯盖的直壁圈沿相对应，构成可以左右开合的灯罩，可以转动的灯盘与方便开合的灯罩巧妙结合，实现了随意调节光照度和照射方向的功能。

▲ 青铜釭灯出土场景

吉金海昏——刘贺墓园出土青铜器

▲ Eb 型　炉式双管青铜釭灯

标本 M1:1067，出土于刘贺墓南藏椁东部，灯盖口径 15 厘米，灯盘口径 14.5 厘米、圈足径 7.3 厘米、錾长 6 厘米，灯罩高 8.5 厘米，灯座口径 7.1 厘米、最大腹径 18.7 厘米，通高 37.1 厘米。通体素面。

此类釭灯，在西汉大型贵族墓中时有出土，有自铭为"釭"者。比如，湖南省长沙市柳家大山 32 号汉墓出土闵翁主釭灯，灯座肩部阴刻铭文"闵翁主铜釭锞一具"，灯盘外壁阴刻铭文"闵主釭中锞"，灯盖外壁阴刻铭文"闵主釭锞盖"[1]。

釭灯是西汉新创制的灯具，釭是指导烟管，釭灯就是带导烟管的灯，导烟管有单管和双管两种，都能将烟气导入灯腹内，使室内减少烟炱而保持清洁，诸如牛形灯、雁鱼灯、朱雀灯、人俑灯等。汉代的灯具多以动物油脂为燃料，点灯时会有一些没有完全燃烧的炭粒和燃烧后留下的灰烬，随着油面上升的热气流挥发，污染室内空气，釭灯由此孕育而生。青铜釭灯利用虹吸力原理设置了一个过滤烟尘的装置，彼此相连，灯油点亮后燃烧产生的烟雾，先由灯罩将烟导入烟管，再经烟管进入盛水的灯座腔，油烟废气冷却后溶于水中，从而起到净化室内空气的作用。青铜釭灯构思精巧别致，科学巧妙的设计体现出汉人的聪明才智和先进的环保意识，达到了功能与形式的完美统一，是世界上最早的环保灯具，也是一件具有极高科技价值的艺术珍品。

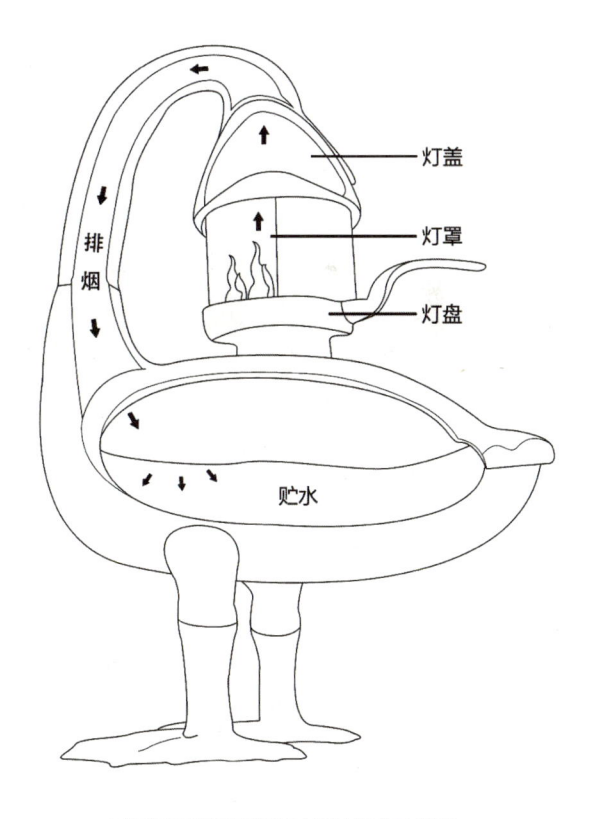

▲雁鱼青铜釭灯使用时烟气流动示意图

---

[1] 查瑞珍：《闵翁主釭锞》，《文物》1979 年第 7 期。

吉金海昏——刘贺墓园出土青铜器

▲ F 型　鎏金青铜五枝灯

▲ 鎏金青铜五枝灯出土场景

F型，青铜五枝灯，2件，造型相同，大小相近，分别出土于刘贺墓南藏椁西部和主椁室西室中部。由灯盘、灯枝、灯座三部分组成。标本M1:1479，灯盘口径7.4厘米、深5厘米，底座径16厘米，通高62.4厘米，出土于主椁室西室中部，伴出青铜博山炉、漆案、漆耳杯、漆盘等。灯盘作八边形，直口，折腹，小平底，盘底有圆形短柱，可以套接在灯枝头。4个灯枝呈"S"形，两头有圆榫，枝头承托灯盘，枝尾插入灯座。灯座为柱状，柱顶有圆榫，中、上部各有2个銎，便于灯枝插入，底部外侈成喇叭状底座。圆形底座镂空，透雕2条行龙。五枝灯分三层，灯座顶托一灯盘，第二、第三层各有2个灯盘，以榫卯结构通过灯枝与灯座连接，可以转动，交错分布，点燃以后，灯火交相辉映，有如花树，极其豪华气派。西汉时期，青铜多层枝灯一般出土于王侯墓中，是身份的象征[1]。

---

[1] 宋蓉：《汉代枝灯的考古学研究》，《考古学集刊》第23集，社会科学文献出版社，2020年。

西汉青铜灯具尺度适宜，功能合理，讲求实用，各种灯具高矮不一，主要与其使用环境和使用方式有关。汉代人们席地而坐，家具一般高度在 20 厘米左右，约合汉制一尺。因此行灯一般放置在低矮的家具上使用，一些大型的豆形灯、釭灯、多枝灯则可直接立在地面上。刘贺墓漆案一般高约 20 厘米，主椁室西室 1 件高约 8 厘米的行灯出土时，放置在漆案上，二者加起来高度与 20 多厘米高的豆形灯接近，与人们跪坐时眼睛的视线基本适宜。豆形灯、釭灯、多枝灯高度在汉制一尺，即 23 厘米以上，因此这些灯具在使用时可以直接放置在地面。

▲ 行灯出土场景

刘贺墓青铜灯具数量众多，造型各异，装饰华美，埋葬方式独特，从器物使用的角度向我们展示了西汉人们"事死如事生"的理念。刘贺墓椁室设计严密，布局清晰，功能明确，建筑科学，制作精工，密封严实，其结构呈居室化倾向，属于西汉中晚期采用"汉制"埋葬的回廊式土圹木椁墓。木椁由主椁室、徼道、回廊形藏椁和甬道构成，面积约265.7平方米。椁室中央为主椁室，东西长约7.4米、南北宽约7米，面积约51.8平方米。主椁室盖两层盖板，用木板隔墙分成东、西室，中间开有一门。东室宽约3.7米，南墙东、西两侧开窗，中间为门，可直通门前的甬道；西室宽约2.9米，南墙西侧开窗，东侧辟门，门宽约1.4米，可直通门前的甬道。主椁室外环绕若干个不同功能室组成的回廊形藏椁，象征现实生活中不同的功能建筑空间，盖一层盖板，体现出箱的功能。主椁室与藏椁之间辟有宽约0.7米的徼道，将主椁室与藏椁分隔开来，从徼道可以进入各藏椁。甬道内及其东、西两侧的藏椁为"车马厩"，殉葬偶车马，北藏椁、西藏椁为"内官"系统，殉葬编钟、编磬、五谷、铜钱、衣物、佩剑、简牍、文玩等生活日用品；东藏椁为"食官"系统，殉葬厨具和食品、食器。

主椁室分东、西二室，中间有门相通，形成"西堂东寝"的布局。东室为棺室，即文献记载的"梓宫"，主棺位于主椁室内东室的东北部。西室陈设有漆耳杯、漆盘、漆卮、漆碗、漆樽、漆勺等饮食器具和漆案、漆俎、漆瑟、漆琴、漆榻、漆衣镜、漆人俑、漆量，以及青铜博山炉、青铜灯等，是仿效生人起居和宴飨的"便坐"空间，即文献记载的"便房"。24件青铜灯和1件陶灯，与同墓出土衣物、漆耳杯、漆盘、青铜镇之类物品集中收贮不同，模仿日常生活中灯具的使用场景，摆放在各个活动场所，主椁室、徼道以及各个功能藏椁中均有灯。比如，钱库内、编钟旁和徼道西北角、东南角等处都有灯。主椁室内灯最为集中，西室是仿效生人起居的地方，出土了行灯、豆形灯、雁足灯、五连枝灯、炉式釭灯等6件青铜灯，大型漆榻是主人的座位，因此榻前放置了4件，行灯放置在漆案上，南部为宾客区，放置了五连枝灯、炉式釭灯2件高体灯；东室即文献记载的"梓宫"，是仿效生人卧室的场所，出土了豆形灯、行灯、李姬灯等3件青铜灯，均放置在漆座枰前。出土灯具中，一些灯盘内尚残存未燃尽的蜡，充分体现了汉人"事死如事生，事亡如事存"的生死观。

237

# 吉金海昏——刘贺墓园出土青铜器

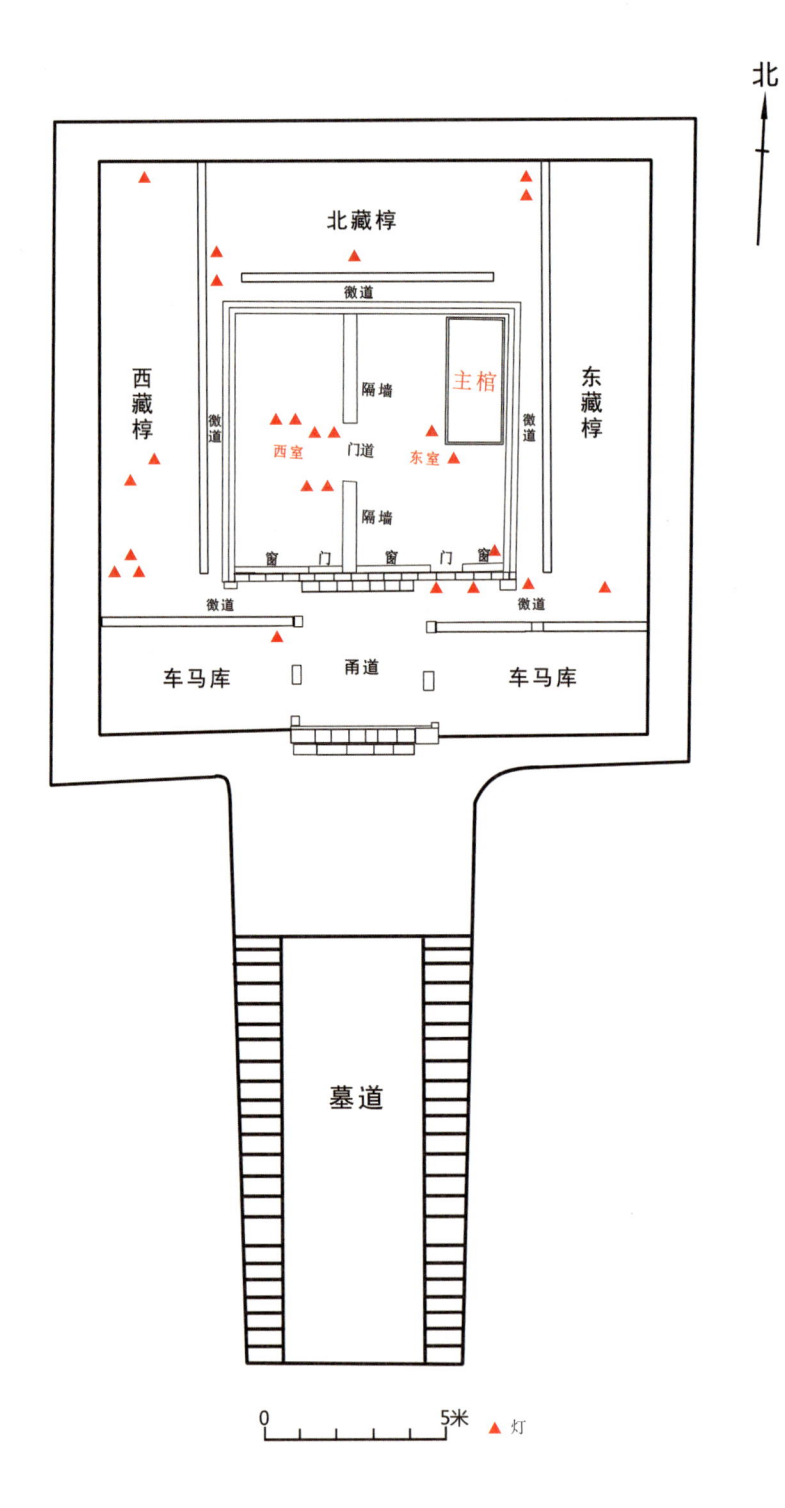

▲ 刘贺墓青铜灯出土位置示意图

▲ 青铜灯与编磬虡座出土场景

▲ 青铜灯与五铢钱出土场景

▲ 灯盘中残存的蜡

## 第四节

# 青铜镇的考古学研究

镇是古人用于座席的器具,源于先秦两汉时期人们的生活方式。汉代室内仅有榻、几、案、屏风等数种低矮家具,榻、枰是汉代用于坐、卧的主要家具,这些家具上及其周围的地面等就座之处通常会铺席。人们席地而坐,为了避免起身与落座时折卷席角或牵挂衣饰,往往用重物镇压座席四角,此物名"镇"。汉镇在全国大部分地区都有发现,遍及大江南北,在造型、工艺、装饰手法等方面整体面貌趋于一致。刘贺墓园出土各式青铜镇 55 件,其中刘贺墓出土青铜镇 51 件,包括鹿形、龟形、雁形、凤形、虎形和人形镇数种,另有与各式铜镇一同出土的用于填充铜镇内腔的铅块若干块,因已与铜镇分离,无法确定具体归属哪些镇,不计入分型研究;刘充国墓出土青铜镇 4 件,其中鹿形镇、豹形镇各 2 件。这些青铜镇,依造型、装饰工艺,可以分为九型。

A 型,青铜鹿形镇,14 件。依是否有鹿角,可以分为二亚型。

Aa 型,10 件,造型相同,大小相近,刘贺墓出土 2 套 8 件,刘充国墓出土 2 件。标本 M1:551-1,长 10.3 厘米、宽 7.4 厘米、残高 5.8 厘米,残重 249 克,一套 4 件,出土于刘贺墓西藏椁中部一件漆笥内,伴出青铜龟形镇和铅块。鹿昂首向前,双眼圆睁,两耳向两侧伸出,鹿角分三叉伸向后方,平底,围合出椭圆形凹槽浅盘鹿身腔体,盘口微敛,周沿弯成曲线状,鹿身作卧式,四足屈伏于盘侧,前腿蜷曲于身侧,后腿隐于身下。通体鎏金。鹿腔内填充的铅块脱落,仅残存少许。铅块重约 200 克,与鹿镇腔体二者加起来重约 450 克。

# 吉金海昏——刘贺墓园出土青铜器

▲ Aa 型　鎏金青铜鹿形镇

第三章 青铜器专题研究

▲Aa 型　鎏金青铜鹿形镇，刘充国墓出土

　　Ab 型，一套 4 件，造型相同，大小相近。标本 M1:545-1，长 8.4 厘米、宽 5.7 厘米、残高 5.2 厘米，残重 320 克，出土于刘贺墓西藏椁中部一件漆笥内，伴出青铜鳖形镇、凤形镇、雁形镇和铅块。鹿腔内填充的铅块脱落，有部分残留物。与 Aa 型鹿形镇相比，区别主要体现在没有鹿角。

## 吉金海昏——刘贺墓园出土青铜器

▲ Ab 型　青铜鹿形镇

从考古出土实物来看，鹿形镇，多数镶嵌螺壳或贝壳。比如，河南省陕县后川3003号西汉墓[1]、辽宁省新金县花儿山汉代贝墓M7[2]、山西省右玉县常门铺汉墓[3]、山西省襄汾县吴兴庄汉墓[4]等西汉贵族墓出土青铜鹿形镇，造型与此类似，均装饰嵌贝，为我们认识此类镇的真实形状提供了实物资料。刘贺墓青铜鹿形镇在制作之始应与上述鹿形镇一样，鹿腔内填充铅块后，再镶嵌贝壳作装饰，重量在500克左右，与目前出土同类西汉青铜席镇大致接近。

---

[1] 黄河水库考古工作队：《河南陕县发掘简报》，《考古通讯》1958年第11期。
[2] 旅顺博物馆、新金县文化馆：《辽宁新金县花儿山汉代贝墓第一次发掘》，《文物资料丛刊》4，文物出版社，1981年。
[3] 戴尊德、胡生：《右玉县常门铺汉墓》，《文物季刊》1989年第1期。
[4] 李学文：《山西襄汾县吴兴庄汉墓出土铜器》，《考古》1989年第11期。

第三章　青铜器专题研究

B型，鎏金青铜鳖形镇，一套4件，造型相同，大小相近。标本M1:545-5，长9.3厘米、宽5.4厘米、残高2.4厘米，残重149克，出土于刘贺墓西藏椁中部一件漆笥内，伴出青铜鹿形镇和铅块。头伸出，眼圆睁，平视前方，四趾向外平伸，平底，尾微上翘，外底用阴线刻画出鳖的腹、足及尾部轮廓。局部可见鎏金痕迹。鳖腔体内填充的铅块脱落，有部分残留物。此类鳖形镇，在汉代考古上尚属首次出土。

▲B型　青铜鳖形镇

C型，镶玉青铜龟形镇，7件，造型相同，大小相近。标本M1:739-2，长10.9厘米、宽8.4厘米、高6.6厘米，重323克，一套4件盛放在一件小漆笥内，因而保存状态比较好。呈龟爬行状，龟首昂起，龟尾上翘，平底，与甲桥一同组成龟身腔体，内填木质龟背，其外贴玳瑁块，用金线勾勒出龟背纹，其间镶嵌白玉珠；四足外张撑起身体作爬行状，造型饱满，形象逼真。龟的造型，沉稳厚实、憨态可掬，龟背上镶嵌宝石，点缀金线，如闪耀的鳞甲。通体鎏金。此类镶玉青铜龟形镇，在汉代考古上尚属首次出土。

吉金海昏——刘贺墓园出土青铜器

▲C型 镶玉青铜龟形镇

第三章　青铜器专题研究

▲漆笥

D型，青铜雁形镇，一套4件，造型相同，大小相近，出土于刘贺墓西藏椁中部一件漆笥内，伴出青铜凤形镇、鳖形镇、雁形镇、虎形镇、豹形镇、俳优俑镇。标本M1:562-19，底座长径5.9厘米、短径4.5厘米、高5.5厘米，重514克。雁作回首匍匐于椭圆形台座式，曲颈回首，目微睁，喙扁长，紧贴于背部，衔住上卷的尾翼，双翅贴于身侧，敛翅凝神，生动安详。此类青铜雁形镇，在汉代考古上尚属首次出土。

吉金海昏——刘贺墓园出土青铜器

▲D 型　青铜雁形镇

E 型，青铜凤形镇，2 套 8 件。依冠部形态，可以分为二亚型。

Ea 型，1 套 4 件，造型相同，大小相近，出土于刘贺墓西藏椁中部一件漆笥内，伴出青铜雁形镇、鳖形镇、虎形镇、豹形镇、俳优俑镇。标本 M1:562-6，底长径 5.9 厘米、短径 5.1 厘米、高 4.6 厘米，重 320 克。凤作回首匍匐于椭圆形台座式，凤首回望，紧贴于背部，目微睁，头顶有 S 形冠，长尾上卷紧贴于背部，双足匍匐，双翅外张，紧贴台座，用三道弦纹示意翅翎。

▲Ea 型　青铜凤形镇

Eb型，1套4件，造型相同，大小相近。标本M1:562-23，底长径7.8厘米、短径5.7厘米、高5.8厘米，重353克，出土于刘贺墓西藏椁中部一件漆笥内，伴出青铜雁形镇、鳖形镇、虎形镇、豹形镇、俳优俑镇。与Ea型青铜凤形镇主要区别体现在冠部形态上，前者为S形冠，后者为长条形冠。

▲ Eb型　青铜凤形镇

F型，青铜虎形镇，一套4件。造型相同，大小相近。标本M1:562-2，底径长6.7厘米、短径5.6厘米、高4.0厘米，重340克，出土于刘贺墓西藏椁中部一件漆笥内，伴出青铜凤形镇、鳖形镇、雁形镇、豹形镇、俳优俑镇。作虎蜷卧于圆形台座式，虎首回望，头顶阴刻"王"字，表达虎乃百兽之王的寓意；下颌紧贴后腿根部，口阔鼻宽，抿嘴眯眼，双耳后披，四爪并拢，尾上卷紧贴于背部，周身阴刻波浪细线，示意斑纹，线条圆润丰满，神情安闲。残存鎏金痕迹。虎豹类镇是汉镇中最为流行的题材，出土数量众多，材质多样，造型多变。比如，江苏省徐州市狮子山楚王陵出土青铜豹形镇2件，腔体内灌铅；玉虎形镇1件，重4754克[1]。

---

[1] 狮子山楚王陵考古发掘队：《徐州狮子山西汉楚王陵发掘简报》，《文物》1998年第8期。

# 吉金海昏——刘贺墓园出土青铜器

▲ F 型　青铜虎形镇

▲ 玉虎形镇，狮子山楚王陵出土

　　G 型，青铜豹形镇，6 件。依造型，可以分为二亚型。

　　Ga 型，一套 4 件，造型相同，大小相近，出土于刘贺墓西藏椁中部一件漆笥内，伴出青铜凤形镇、鳖形镇、雁形镇、虎形镇、俳优俑镇。标本 M1:562-4，底径 6 厘米、高 5 厘米、重 264 克。作豹蜷卧于圆形台座式，豹首回望，抬头，张口露齿，双眼圆睁，两耳后披，四爪并拢，尾上卷紧贴于腹部。全身阴刻斑纹，通体鎏金。

250

第三章　青铜器专题研究

▲Ga 型　青铜豹形镇

Gb 型，一组 2 件，造型相同，大小相近，出土于刘充国墓棺西侧。标本 M5:112，底径 4.8 厘米、高 3.5 厘米，重 68.6 克。作豹蜷卧于圆形台座式，勾首蜷身，屈肢盘尾，平底。胎体轻薄，锈蚀严重，局部可见鎏金痕迹。

H 型，青铜神兽镇，一套 4 件，造型相同，大小相近。标本 M1:933-14，底径 7.2 厘米、高 6.4 厘米，重 920 克，出土于刘贺墓西藏椁中部竹简堆内，叠压在盛放龟形镇、鹿形镇的漆笥下面，可能是该漆笥损坏后散落所致。呈三兽绕博山形，分内外两层，内层由山形锥体和圆饼形底座构成；外层 3 只高浮雕有翼神兽侧身前行，前后相连，兽头朝外，回首张口，身躯紧贴山体，外侧足踏台座，前爪下有凸榫与底座凹槽扣合。

251

吉金海昏——刘贺墓园出土青铜器

▲ Gb 型　青铜豹形镇，刘充国墓出土

▲ H 型　青铜神兽形镇

## 第三章　青铜器专题研究

Ⅰ型，青铜俳优俑镇，一套4件，造型相近，出土于刘贺墓西藏椁中部一件漆笥内，伴出青铜凤形镇、鳖形镇、雁形镇、虎形镇、豹形镇。依坐姿和手势，可以分为二亚型。

Ⅰa型，标本M1:562-10、标本M1:562-12一对，底长径4.9厘米、短径4.6厘米、高7.4厘米，重599克。呈跪坐姿，屈膝降腰，臀部压在脚后跟上；头微后仰，高髻，头戴冠，面部丰满，大眼微眯，宽鼻，高颧骨，圆下巴，张嘴嘻笑；身穿开襟衫，袒胸，腰系带；左臂弯曲，自然下垂，左手手心朝下平放在左膝上，右臂弯曲，五指张开上举至耳部，掌心朝前。

Ⅰb型，标本M1:562-7、标本M1:562-14一对，底长径5.5厘米、短径5.1厘米、高7.8厘米，重634克。呈双膝盘坐式，左臂弯曲，自然下垂，左手手心朝下平放在左膝上；右臂外翻，右手手心朝上放在右膝右前方。

从服饰、造型、动作、表情来看，这套青铜镇当为汉代俳优形象，人物形体轮廓简洁，面部表情夸张滑稽，整体憨态可掬，诙谐可爱。俳优是两汉时期的伎乐艺人，形象通常是上身袒裸、体形粗短、形象滑稽的侏儒，以逗趣的面部表情、幽默滑稽的语言配合夸张的肢体动作以取悦观众。《汉书》列举了刘贺一大堆罪状，其中有一条便是刘贺在主持汉昭帝丧事期间，令人从乐府取出乐器，让来自昌邑故国的艺人表演俳优戏取乐[1]。据不完全统计，出土人物形青铜镇除刘贺墓出土一组4件外，大致有10处共39件。这些人物形镇皆为供人娱乐的俳优形象，人物呈跪坐状，姿态神情各异，其中与刘贺墓人物形青铜镇造型最接近的有4例：江西省南昌市东郊汉墓出土一组2件[2]、河北省满城县中山王刘胜墓出土一组2件[3]、河南省义马县西汉墓出土一套4件[4]、江苏省盱眙县大云山江都王陵出土一套4件[5]，在造型、大小、装饰工艺上相近，当为工官的制品，依据的是相同的官样。

---

[1]《汉书》卷六十八，《霍光金日䃅传第三》，中华书局，1962年。
[2] 江西省博物馆：《南昌东郊西汉墓》，《考古学报》1976年第2期。
[3] 河北省博物院：《大汉绝唱满城汉墓》，第196页，文物出版社，2014年。
[4] 洛阳市第二文物工作队：《义马新市区5号西汉墓发掘简报》，《文物》1995年第11期。
[5] 南京博物院、盱眙县文广新局：《江苏盱眙县大云山西汉江都王陵一号墓》，《考古》2013年第10期。

吉金海昏——刘贺墓园出土青铜器

▲ 青铜俳优俑镇

第三章 青铜器专题研究

▲ 鎏金青铜俳优俑镇，江都王陵出土

考古发现表明，汉镇品类众多、数量巨大、造型多样、装饰精致、制作精工、使用普遍，达到历史顶峰，全国各地汉墓中出土了数量众多的各式镇，高等级墓葬中往往同时出土不同形制的多组镇。汉镇依形制大致可以分为动物形、人物形、博山形三大类，以动物形居多，常见的有虎、豹、辟邪、鹿、羊、熊、龙、龟、雁等，大多数做成盘卧的动物形，基本形制接近于扁圆的半球。刘贺墓出土青铜镇，造型简洁、形象逼真、小巧雅致、工艺精湛，其中有鹿形镇12件、凤形镇8件、龟形镇7件，俳优俑镇、雁形镇、虎形镇、豹形镇、鳖形镇各4件，除龟形镇少1件外，均为4件一套。刘贺墓出土青铜镇，无论是数量，还是品种，在单个墓葬中居全国之首，既有写实的禽形镇、兽形镇，也有神兽形镇，更有人物形镇，青铜豹形镇、雁形镇、鳖形镇和镶玉石龟形镇均属首次出土，大大丰富了西汉青铜镇的类型，使得江西南昌地区成为西汉青铜镇的一个区域性中心，刘贺墓青铜镇器物群，为西汉青铜镇的断代研究提供了时代标尺。

镇最基本、最重要的功用是压镇，其大小、重量直接决定压镇功能的发挥，所以镇多用金属、玉石等密度较大的材料制成，重量一般在 500 克以上。汉镇的材质主要有铜、铁、铅、金、银以及玉石等，以青铜质居多，造型生动传神，制作装饰工艺精湛。为了保持重量以达到厚重的特点，青铜镇通常铸造成空心腔体，在其内填充铅、锡、铁、沙等物增重。为了避免牵绊衣物，汉镇的造型一般为重心低且稳的半球形，动物造型的镇则身体蜷曲蟠伏。

文献记载和考古发现表明，用镇压席的习俗在先秦时期就已出现。屈原《楚辞》是至今所见最早记录席和镇组合使用的文献资料，《九歌·东皇太一》中有"瑶席兮玉瑱，盍将把兮琼芳"之句，东汉文学家王逸注解道"以白玉镇坐席也"。《九歌·湘夫人》中有"罔薜荔兮为帷，擗蕙櫋兮既张。白玉兮为镇，疏石兰兮为芳"。朱熹注解道"镇，压坐席也"。浙江绍兴印山春秋晚期大墓出土了 19 件玉镇，其中 2 件出土时正好压在竹席上[1]，可以与上述文献记载相互印证。据《西京杂记》，昭阳殿有"绿熊席，席毛长二尺余""有四玉镇，皆达照，无瑕缺"，生动地再现了镇的使用场景。

镇用于压席子四角，所以多以一组 4 件的形式出现，使用席镇的痕迹在未经盗扰的汉墓中时有发现。比如，江苏省徐州市铜山小龟山西汉崖洞墓南室 4 件鎏金青铜虎形镇，出土时摆放在方形四角，方形内有陶器、玉器等[2]。汉代人们除席地而坐之外，也以长方形榻和比榻小的正方形枰作坐具，这些坐具上通常会铺席。山西省朔县城西照什八庄西汉后期一号墓出土 4 件嵌贝青铜龟形镇，放置在漆榻四角[3]。河北省定县 M40 后中室 1 件青铜足方形石枰上四角各放置 1 件错银青铜羊镇，石枰上放置银釦漆耳杯、盘等，旁边有漆勺、铁剑等，说明当年下葬时青铜镇是用来压枰席的[4]。河北省邢台市南郊西汉墓出土一套 4 件青铜羊镇，出土时放置在石枰的四角[5]。

---

[1] 浙江省文物考古研究所、绍兴县文物管理所：《浙江绍兴印山大墓发掘简报》，《文物》1999 年第 11 期。
[2] 南京博物院：《铜山小龟山西汉崖洞墓》，《文物》1973 年第 4 期。
[3] 平朔考古队：《山西朔县秦汉墓发掘简报》，《文物》1987 年第 6 期。
[4] 河北省文物研究所：《河北定县 40 号汉墓发掘简报》，《文物》1981 年第 8 期。
[5] 河北省文物管理处：《河北邢台南郊西汉墓》，《考古》1980 年第 5 期。

## 第三章　青铜器专题研究

从出土资料来看，汉镇既用于座枰，又用于投枰之压。汉墓出土投枰与镇的情形以及众多展现"六博"场景的画像砖、画像石中能清晰地发现放在博席四角的镇，表明镇可以用于投枰的席压。《方言》云"所以投博谓之枰，或谓之广平"[1]。许慎《说文解字》云"镇，博压也"[2]，说的正是汉镇这一功能，以文字释义的形式记录了该习俗。

博戏在春秋战国时期已开始流行，秦汉时期成为当时社会各阶层非常盛行的一种娱乐游戏。博戏用具主要由局、棋、箸和席等组成。湖南省长沙市马王堆三号汉墓出土博具和数枚记载其名目的遣策竹简，记载博、博席、博局、象棋、箸直食棋、象箸等，竹简三〇五"赤綈博席长五尺广四尺白里蔡周缘"，竹简三一五"博一具"，竹简三一六"博局一"[3]。湖北省江陵市凤凰山M8中出土有成套的博具，包括漆博局1件，竹箸6根，黑色、灰白色骨质棋子各6枚，伴出"遣策"："博算綦桐博席一具博囊一"[4]，即指上述博具而言。

博大体分为"投箸"和"投煢"两大类型，投箸的博有投2箸、投8箸、投6箸三种，投6箸的博戏最流行，即"六博"。六博的玩法大致为：先置局，二人向局而坐，局上置棋子12颗，人各6颗。局旁置投枰，先由一方用手拿6根箸在投枰上投掷，是为投箸，然后，按投箸的结果在局上行棋。

在出土资料中，有镇与博戏相关的出土情境，镇基本上为一组4件同出。甘肃灵台傅家沟青铜俳优俑镇呈方形相向跪坐，方形区域中有象牙棋子[5]。山西省朔县赵十八庄汉墓青铜龟镇呈四方形放置，内有8根铅箸[6]。汉代一些表现博戏场景的画像石、画像砖中，博席四角往往压有席镇。山东省微山县两城镇出土东汉画像石，中层为"六博图"，博局和投枰呈俯视状，枰中间画6根箸，四角刻画圆形图案，当为席镇[7]。

---

[1] 扬雄：《方言》卷五，中华书局，1985年。
[2] 许慎撰、段玉裁注：《说文解字注》十四篇上，《金部》，上海古籍出版社，1981年。
[3] 湖南省博物馆、湖南省文物考古研究所：《长沙马王堆二、三号汉墓》，第67—68页，文物出版社，2004年。
[4] 长江流域第二期文物考古工作人员训练班：《湖北江陵凤凰山西汉墓发掘简报》，《文物》1974年第6期。
[5] 灵台县文化馆：《甘肃灵台发现的两座西汉墓》，《考古》1979年第2期。
[6] 山西平朔考古队：《山西省朔县赵十八庄一号汉墓》，《考古》1988年第5期。
[7] 马汉国：《微山汉画像石选集》，第179页，文物出版社，2003年。

四川省彭州市出土东汉画像砖，两仙人博弈，局似案，矮足，投枰上清晰地刻画4个镇和6枚算筹，镇颇具立体感[1]。刘贺墓出土青铜龟形镇、鳖形镇、凤形镇、虎形镇、豹形镇，比较轻，重量在300克上下，压座席重量不够，压投枰的可能性更大。值得注意的是，贮藏青铜镇的漆笥附近伴出3套漆博盘。

▲ 博戏图画像石拓片，两城镇出土

▲ 博戏图画像砖拓片，彭州市出土

[1] 高文、王锦生：《中国巴蜀汉代画像砖大全》，第73页，国际港澳出版社，2002年。

▲ 漆博盘

刘贺墓主椁室面积约51.8平方米，分东、西二室，分别模仿主人生前燕居、宴饮娱乐的场景，地面铺有席子，东室主棺西侧近隔墙处、南侧近南墙窗下各有1件漆坐枰，西室近北墙处放置1件漆榻，这些地方没有按照日常生活场景摆放镇，所有青铜镇都是作为财物贮藏在3件漆笥内，这一现象值得进一步研究。

## 第五节

# 青铜熏炉的考古学研究

我国熏香历史悠久、应用广泛，熏香可以净化室内空气，祛除异味，生香爽身，让人凝神静气。秦汉时期，熏香习俗快速发展，既用于居室焚香、熏衣烤被，也用于宴飨歌舞等场所，逐渐演变成一种雅致的生活方式，形成香文化第一个高潮。熏炉是汉墓中常见的殉葬品，以青铜质、陶质为主，造型丰富。刘贺墓出土各式青铜熏炉15件，数量、种类居汉墓之首，依造型、装饰工艺，可以分为二型。

A型，青铜熏炉，2件，主椁室东室、西室各出土1件，造型相同、大小相近，双层炉身，外层镂空，炉盖与炉身以子母口扣合如球形，下接圈足和承盘。标本M1:1482，盖高5.3厘米、盖径15.4厘米，口径13.1厘米、最大腹径16.1厘米，承盘径25.3厘米、器高14.9厘米、通高20厘米，出土于主椁室西室中部，伴出B型博山炉4件，青铜臼、杵一套以及漆案、漆盘、漆耳杯、木俑等，5件青铜炉放置在摆满漆杯、盘的漆案前，向我们呈现了西汉时期熏香在上层贵族日常宴饮娱乐场合的使用情景。盖为母口，呈覆钵状，外层为透雕云龙纹，二龙盘绕于云气间，龙首交错抬起于盖顶，作盖纽，底部与内层口沿相接，内层盖面微隆，有长条形镂孔。炉身内层炉体呈半球形，子口微敛，鼓腹，圜底，有榫卯与喇叭状炉座套接；炉体外层整体镂空，上接炉体口沿，下接承盘，腹部镂雕3组凤鸟纹，尖喙，双翅张开，翅羽相连，尾部伸入炉底；底座侧面为3只镂雕侧身前行的虎，抬头外视，尾上卷，营造出虎驮熏炉前行的景象，其设计与前述青铜神兽镇有异曲同工之妙。承盘圆形，斜折沿，弧腹内收，底部有凸出的环形小底，中部内凹。

此型炉，为西汉前期流行的炉式，当时称为"熏炉"。比如，湖南省长沙市马王堆三号汉墓遣册竹简二九九"熏卢二"，出土文物中包括2件彩绘陶带盖豆形熏炉，炉盘内尚存茅香[1]。

▲A型　镂雕龙凤纹青铜熏炉

---

[1] 湖南省博物馆、湖南省文物考古研究所：《长沙马王堆二、三号汉墓》，第67、231页，文物出版社，2004年。

# 吉金海昏——刘贺墓园出土青铜器

▲ 彩绘陶熏炉，马王堆汉墓出土

B型，13件，青铜博山炉，造型、装饰风格相近，大小有别。炉体似带盖豆，由炉盖、炉盘、炉座和承盘四部分组成，炉盖呈高低起伏、山势陡峭的山峦形，炉盘为半球形，炉座作喇叭形或神兽形，承盘为圆形。依细部形态，可以分为五亚型。

此型青铜炉，在西汉时期有自铭为"熏炉"者。比如，湖南省长沙市汤家岭西汉张端君墓出土青铜博山炉，腹部墨书"张端君熏炉一"[1]。陕西省兴平市茂陵陪葬坑的鎏金青铜高柄竹节博山炉，炉盖和底座上都有铭文，标注了该炉的名称、制造机构等信息，铭文称此器物为"金黄涂竹节熏卢"[2]。

▲ 青铜熏炉铭文，茂陵陪葬坑出土

---

[1] 湖南省博物馆：《长沙汤家岭西汉墓清理报告》，《考古》1966年第4期。
[2] 咸阳地区文管会、茂陵博物馆：《陕西茂陵一号无名冢从葬坑的发掘》，《文物》1982年第9期。

## 第三章　青铜器专题研究

　　Ba 型，2 件，鎏金青铜博山炉，并排摆放于主椁室西室中部，伴出 A 型、Bb 型炉和漆案、漆盘、漆耳杯、木俑等，5 件青铜炉放置在摆满漆杯、盘的漆案前。

　　两件博山炉体量接近，造型、装饰相同，仅炉座装饰方式略有区别，一件为浮雕龙纹，一件为透雕龙纹。标本 M1:1425，盖径 12.7 厘米、高 10.5 厘米、口径 11.2 厘米、最大腹径 13.8 厘米，承盘径 24.2 厘米，器高 11.6 厘米、通高 23.5 厘米。炉盖与炉盘子母口扣合，炉盖为母口，圆雕，呈山峦起伏、云气升腾状，盖面因山势镂孔，丘壑林泉间神兽出没，猎人伺机而动；从正面几乎看不到镂孔，但燃香时烟气从孔隙中袅袅而出，让人联想到云雾缭绕在山间的情境，使得山石的层次更加分明，鸟兽因烟云而跃动，亦真亦幻，美不胜收。炉盘子口微敛，呈半球形，鼓腹，圜底，炉体肩部饰宽带纹一周，炉腹饰水波纹，翻卷的 6 个浪尖等距离分布于口沿外侧，巧妙地卡住炉盖；喇叭形炉座，浮雕 2 条升龙，龙身卷曲盘绕。圆形承盘，平折沿，浅腹内收，平底，近底处下折，形成二层底，盘内髹漆，绘云气纹，与底座浮雕升龙共同营造出龙腾出海的意境。炉身与承盘合铸于一体，炉盖、炉身可见鎏金痕迹。

▲ Ba 型　鎏金青铜博山炉

## 吉金海昏——刘贺墓园出土青铜器

标本 M1:1433，盖径 12.8 厘米、高 10.9 厘米，口径 11.6 厘米、最大腹径 13.5 厘米，圈足径 9.4 厘米，承盘径 24.4 厘米，器高 12.9 厘米、通高 23.1 厘米。此炉与标本 M1:1425 博山炉铸接方式略有不同，炉盘与炉座分铸，炉盘下有一个圆柱插入炉座顶部圆銎内，对穿一个铆钉固定；炉座分内外两层，外层套接在承盘上，内层与承盘合铸于一体。

▲ 青铜博山炉出土场景

第三章　青铜器专题研究

▲ Ba 型　鎏金青铜博山炉

Bb型，7件，西藏椁中部出土4件，主椁室西室出土1件，东室出土2件。造型相同，大小相近，与Ba型炉相比，造型相近，装饰更简单，体量约小一半。

标本M1:791，炉身口径11.1厘米、最大腹径13厘米、圈足径8.5厘米、高12.6厘米，出土于刘贺墓西藏椁中部一件漆笥内，伴出青铜博山炉身6件、承盘2件、博山形炉盖5件。炉盘呈半球形，鼓腹，素面无纹；粗矮豆柄形炉座，底座近圈足处浮雕博山纹一周，野兽出没于树木繁盛、云气环绕的山间，与Ba型青铜炉的博山形炉盖装饰属于同一母题，加上盛水的承盘一起营造出海中仙山的意境。

标本M1:788，博山形炉盖，口径12.3厘米、高9厘米，出土时散落在标本M1:791炉身旁，二者子母口扣合，当为同一件器物。博山形盖面，山峦间可见较大的几何形镂孔，与Ba型镂孔隐藏在山谷间的设计思路略有不同。

标本M1:789，承盘，口径19.3厘米、高2厘米。圆形，平折沿，平底，底心有一圆孔，正好可以与标本M1:791炉座底心的圆柱无缝铆合，出土时散落在标本M1:791炉身旁，当为同一件器物。

经修复，标本M1:788炉盖、标本M1:791炉身和标本M1:789承盘可以复原为一件完整的博山炉，通高20.2厘米。

标本M1:1759，口径10.8厘米、最大腹径13厘米、承盘径16.1厘米、通高12.7厘米，出土于主椁室东室，2件造型、装饰、大小相近的青铜博山炉并排摆放在一起，伴出A型青铜熏炉、青铜鼎、青铜灯、漆樽等。失盖，炉身子口，半球状腹，深弧腹内收成圈底；底座近圈足处浮雕博山纹一周，鹿、熊、虎等野兽出没于树木繁盛、云气环绕的山间。圆形承盘，平折沿，弧腹内收成平底。胎体厚重。

博山炉一般有盖，此炉缺盖，当年下葬时可能配备了丝质炉盖。比如，湖南省长沙马王堆3号汉墓遣册竹简二九九"熏炉二"，竹简三一三"熏大罩一赤橡下"，竹简三一四"熏小罩一缋橡下"[1]，可知西汉时期博山炉有时也用丝质炉盖。

---

[1] 湖南省博物馆、湖南省文物考古研究所：《长沙马王堆二、三号汉墓》，第67—68页，文物出版社，2004年。

第三章　青铜器专题研究

▲Bb 型　青铜博山炉

▲ 青铜博山炉出土场景

▲ Bb 型　青铜博山炉

第三章　青铜器专题研究

▲ Bc 型　带鋬青铜博山炉出土状态

　　Bc 型，带鋬博山炉，2 件。标本 M1∶1552，盖径 7.2 厘米、盖高 5.4 厘米、口径 5.9 厘米、最大腹径 7.7 厘米、承盘径 8 厘米、残高 10 厘米，主椁室西室中部出土，伴出青铜熏炉、博山炉、漆案、漆盘、漆耳杯、木俑等，5 件青铜炉放置在摆满漆杯、盘的漆案前。博山形炉盖完好，炉身变形。炉盘子口，半球形腹，在近炉口处一侧有一条形小鋬，豆柄形炉座；圆形承盘，平折沿，弧腹内收成平底，炉座与承盘合铸于一体。

▲ 带鋬青铜博山炉

▲ Bd 型 人驭龙座青铜博山炉

标本 M1:793，口径 6.1 厘米、最大腹径 7.8 厘米、圈足径 6.5 厘米、高 8.2 厘米，出土于西藏椁中部一件漆笥内，伴出青铜博山炉身 6 件、承盘 2 件、博山形炉盖 5 件。炉身造型与前述标本 M1:1552 博山炉相近，但炉座装饰略有差别，近底处饰浅浮雕游龙出水图案，构图生动，制作精细。底座外壁打磨光滑，经肉眼观察，未发现其与承盘的焊接痕迹，可能此炉当年并没有与承盘铸接于一体。此炉失盖，从传世实物和考古出土品来看，带鏊炉一般配有博山形炉盖，标本 M1:1552 博山炉，出土时博山形炉盖与炉身扣合在一起，因此带鏊炉是汉代博山炉一种式样。

Bd 型，人驭龙座博山炉，1 件。标本 M1:800，口径 8.1 厘米、承盘径 16 厘米、通高 15.9 厘米，出土于西藏椁中部一件漆笥内，伴出青铜博山炉身 6 件、承盘 2 件、博山形炉盖 5 件。炉盖缺失，炉盘子口，半球形腹，圜底，底部凸出一个小台与炉座相接。炉座为圆雕人驭龙形，人抬头后仰，嘴微张，身体微后倾，左手手掌朝向前上方，右手手掌举托炉盘，双足左弓步式踏龙身，右腿屈膝，有力举万钧之势。龙身盘踞，龙首上昂，张嘴吐舌，龙足与承盘合铸于一体，营造出蛟龙出海的意境，为熏炉平添超然物外的出世之感。此型炉在长江以南地区是首次出土，拓展了该炉在汉帝国版图内分布的边界。

Be 型，凤鸟立龟座博山炉，1 件。标本 M1:790，口径 7.8 厘米、高 17.5 厘米，出土于西藏椁中部一件漆笥内，伴出青铜博山炉身 6 件、承盘 2 件、博山形炉盖 5 件。

炉盘子口内敛，半球形腹，腹中部饰宽带凸弦纹。炉座作凤鸟立龟形，凤引颈向上，口衔圆珠，上承炉盘，展翅翘尾向上触及凤冠，双腿直立于龟背。龟呈匍匐式，背下陷，四趾向外平伸，抬头睁目，把神龟负重的神情刻画得极为生动传神。

标本 M1:792，博山形炉盖，口径 9 厘米、高 7 厘米，出土时散落在标本 M1:790 炉身旁，二者子母口扣合，当为同一件器物。呈博山形，饰浮雕人兽相搏图案，出烟孔隐蔽在山后。标本 M1:795，承盘，口径 16.3 厘米、高 1.5 厘米。圆形，平折沿，平底，底心有一圆孔，正好可以与龟底心的圆柱无缝铆合，出土时散落在标本 M1:790 炉身旁，当为同一件器物。

经修复，标本 M1:792 炉盖、标本 M1:790 炉身和标本 M1:795 承盘可以复原为一件完整的博山炉，通高 23.3 厘米。

吉金海昏——刘贺墓园出土青铜器

▲ Be 型　凤鸟立龟座青铜博山炉

在汉代，凤立龟式构图有器座、灯、博山炉三种形式，类似的青铜博山炉，各地出土数量在10件以上[1]，带盖者，均作博山式，是西汉流行的博山炉式样。此型炉在长江以南地区是首次出土，拓展了该炉在汉帝国版图内分布的边界。

博山炉分为炉盖、炉盘、炉座和承盘4部分，炉座与炉体、承盘之间用钉铆合在一起，保持结构稳定与炉身平衡，承盘的设计还扩大了器物整体的受力面，使得博山的造型更加平衡稳定，给人以视觉上的安全感。炉盖高而尖，循山势起伏镂孔，在不破坏整体美感的前提下，最大程度地保证烟气的发散，设计目的在于人为地控制烟气的流向，可以使烟气向上漂浮聚集，从丘壑林泉间袅袅升起。它与西汉前期流行的平盖镂孔炉的直燃直排设计相比，优点在于有效地减缓了出烟的速度，这种唯美的出烟动态过程，又为博山炉增添了浪漫抒情的意趣。

汉代文献及博山炉铭文上均不见"博山炉"一词，多以熏炉名之，A型、B型熏炉，西汉时期的竹简记载和器物自铭均为"熏炉"。西汉晚期人刘向《熏炉铭》曰："嘉此正器，崭岩若山。上贯太华，承以铜盘。中有兰绮，朱火青烟。"[2] 诗中的熏炉以山峦形制为主要特征，刘向将炉盖部分比喻为太华山。熏炉中间是炉身，点燃香料，发出红色的火光并飘散出袅袅青烟，熏炉下面也配有铜盘，刘向称之为"熏炉"，表明直到西汉晚期还没有将"博山炉"作为B型青铜炉的通称。东晋葛洪抄撮编集汉晋野史杂说而成的《西京杂记》中首次使用"博山炉"一词："长安巧工丁缓者……又作九层博山香炉，镂为奇禽怪兽，穷诸灵异，皆自然运动。"[3] 这里的"九层博山香炉"是出自汉代人之手还是出于后代人的追述，已经不可考，但可以说明至迟在东晋时期，已将这种具有"博山"特征的熏炉称为"博山香炉"。

博山炉之所以作"博山"形，和汉人信仰的仙道思想有关。宋人徐兢在《宣和奉使高丽图经》中介绍："博山炉，本汉器也。海中有山，名博山，形如莲花，故香炉取象。下有一盆，作山海波涛鱼龙出没之状，以备贮汤熏衣之用，盖欲其湿气相著，烟

---

[1] 陈春婷：《"凤鸟立龟"造型在汉代的出现及其原因初探》，《华夏考古》2016年第3期。
[2] 欧阳询著、汪绍楹校：《艺文类聚》卷七十"香炉条"，中华书局，1965年。
[3] 葛洪撰、周天游校注：《西京杂记》卷一，三秦出版社，2006年。

不散耳。"[1] 博山炉在造型设计上，追求海中仙山、云气缭绕的意境，是春秋战国以来熏香文化和神仙信仰相结合的产物。汉武帝时期，随着外来树脂类香料的流行和神仙思想的盛行，博山炉应运而生。先秦时期，熏炉造型以豆形、圆球形为主，炉身较浅，炉盖偏平，香料为茅香之类草本植物，直接放在熏炉中燃烧，虽然香气馥郁，但烟气很大，带大镂孔的平盖设计便于排烟。西汉中期大量进口的香料以树脂类、合成类香料为主，与传统的香草相比，香气更加浓郁，持续更加长久，但这些香料被制成香饼或香球，通常需要置于炭火等燃料上熏烤，香气才会慢慢散发，促使熏炉造型由豆式熏炉向博山炉演变，以实现理想熏燃状态。与早期的豆形熏炉相比，博山炉的炉盖增高，镂孔变小，以防止炭火太旺。这样，香料慢慢被加热，香味徐徐散发，而烟气又不大；炉身加深，便于在炉内堆起香灰，以炭火慢慢熏燃香料。

▲ 鎏金青铜熏炉，中山靖王刘胜墓出土

[1] 徐兢：《宣和奉使高丽图经》，第105-106页，中华书局，1985年。

熏炉的炉盖雕塑成群山状，以山形寓意传说中的仙山，则是秦汉时期神仙思想影响的结果。正如吕大临《考古图》所说："香炉像海中博山，下盘贮汤使润气蒸香，以像海之四环。"[1]博山炉盖上有山峦群峰，飞禽走兽穿行其间，在山峦隐蔽处有一些孔隙，当香料在炉中熏燃时，香烟从镂孔散出，有如群山中飘出的云雾，香气四溢，沁人心脾，把神话传说中虚无缥缈而又令人神往的仙山真实地呈现在世人面前，满足了人们追求长生不老的美好愿望。

人老而不死则为仙，神仙居住的地方就是"神山""仙山"。"博山"本是古人对仙山的通称，人们对雄伟高大、神秘莫测的山充满恐惧和敬畏，产生了山岳崇拜，认为那些常年云雾缭绕的大山上居住着神仙。西汉中晚期武帝、昭帝、宣帝时期，升仙思潮流行，在熏香习俗方面表现为以"仙山"为形的博山炉迅速流行。汉武帝不仅要拥有四海，还想拥有天间仙界，把寻找海上仙山作为拥有四海的一部分，他多次东临大海，派专人守候海边以望蓬莱之气，并任用齐地方士少翁、栾大等人为他入海求仙。

▲ 贴金羽人捧芝图

---

[1] 吕大临：《考古图》卷十，中华书局，1987年。

▲ 博山形青铜瑟枘

无论是入海还是登山，对养尊处优的帝王和贵族来说，都是一件费心又费力的事。人们需要在世俗生活中营造出仙境，吸引神仙驻足，抓住和神仙交往的机会，博山炉正是为了营造这一氛围而发明的清供之物。博山炉是西汉中期出现的富有特色的熏香器具，既是高雅的装饰物品，又是富有科学性的实用器物，寄托了古人对神明的崇敬和对美好生活的向往之情，将西汉时期人们的思想追求、造型艺术与实用功能相融合，通过工匠超凡卓绝的技艺加以呈现，不仅是汉代工艺发展水平的杰出代表，也是汉代审美趣味和文化气质的体现。博山炉在现实世界中创造出了仙境，博山炉的设计以"神山"为主题，以"仙境"为画面，将精美的山景与神禽异兽、烟岫云岚浓缩于一器，以神入画的造型艺术手法淋漓尽致地表现了西汉时期人们心目中的神话世界，体现了仙境信仰对日用器物设计制作的影响。香炉似山峦，浮于水波间，点燃香料后，香烟从炉盖的镂孔里升起，由此产生的视觉感受与仙山意境相通，契合汉人想象中的仙境。炉体升腾盘绕的烟气，赋予山峰飘渺的神秘感，此时，烟云与山石仿佛融为一体，既是峰峦的边界，又是云气的末梢。博山炉的底部透雕蛟龙出海，此处波涛翻涌的大海却并未塑出实体，只是以蛟龙矫健的身姿进行意象表达，底部承盘，盛水之后既可以象征大海，又可以通过水汽的蒸腾增加博山仙境的出世脱俗之感，给观者留出充分的想象空间，避免了器物形体的大小对"大海"的限制。人们在室内燃起一炉薰香，袅袅香烟笼罩着层峦叠嶂的炉顶，尽管是神奇的仙山，仿佛在脚下，尽管是神秘的仙人，仿佛在眼前，在这种静默的忘我意境中，遥远的蓬莱仙境似乎若隐若现，神仙飘然而下，从而达到人神交驰、通神入仙的意境。

▲ 侍女手持博山炉线描图（《西安西汉壁画墓》，第 67 页，文物出版社，2017 年）

刘贺墓是西汉大型墓葬中出土青铜熏炉数量最多、品种最丰富的一例，尤其是主椁室内8件，仿照日常生活中博山炉的使用方式摆放，为我们认识西汉博山炉的组合方式、使用场合提供了难得的实物资料。主椁室分东、西二室，中间有门相通，形成"西堂东寝"的布局。西室是仿效日常起居宴飨的地方，出土A型熏炉1件、Ba型博山炉2件、Bb型博山炉1件、Bc型博山炉1件，共5件，伴出青铜臼、杵一套以及漆案、漆盘、漆耳杯、木俑等，5件青铜炉放置在摆满漆杯、盘的漆案前，向我们呈现了西汉时期熏香在贵族日常宴饮娱乐场合的使用情景，2件制作最为精细的Ba型博山炉均摆放在西室。东室即文献记载的"梓宫"，是仿效生人的卧室，出土A型熏炉1件、Bb型博山炉2件，共3件。2件A型熏炉，分别摆放在东、西室，与B型博山炉组合使用，早期流行的A型熏炉用于焚燃传统的草本香料，西汉中期新兴起的B型博山炉，主要用于熏燃进口合成香料，两种熏炉同处一室，说明在当时，草本香料和合成香料并用，但博山炉的数量比熏炉多，也许从一个侧面折射出高级贵族阶层合成香料使用更普遍。

# 后 记

2023年7月27—31日，笔者应邀参加在济南市山东国际会展中心举办的第31届全国图书交易博览会，出席本人新作《走近海昏》一书首发式相关活动，新书深受读者喜爱。在书博会期间，江西省出版传媒集团、江西人民出版社领导嘱我趁热打铁，再续佳缘，写一本海昏题材的书，作为该社参加2024年上海书展的重点推介图书。在一年时间内完成一本学术著作，对我来说，的确是一项富有挑战性的任务，考虑到广大读者的期盼，又有出版社的资助，作为一名海昏文物的守护人，保护好、研究好海昏文物，传播好、讲述好海昏故事，让海昏文物"活起来"、海昏文旅"热起来"、海昏IP"潮起来"，责任在身，义不容辞，于是我欣然接受了邀约。根据近年来我主持的四项社科基金项目的进展情况，与出版社商定选择刘贺墓园出土文物数量最多的青铜器作为主题，书名为《吉金海昏》。从济南回来后，我便投入到书稿的写作中，确定大纲、收集资料。

本人2016年调入海昏侯国遗址管理局，八年来，认真贯彻新时代文物工作方针，紧盯国家文物局"一流的考古、一流的保护、一流的展示"要求，坚定文化自信，坚持守正创新，以文物活化利用为着眼点，以文旅融合为结合点，以国家考古遗址公园建设为着力点，以珍爱之心、敬畏之心推进海昏文化创造性转化、创新性发展，海昏IP公信力、影响力、传播力不断增强，海昏品牌持续擦亮：2016年遗址博物馆成功注册"海昏"25大类、"海昏侯"45大类商标，为创建大品牌奠定了坚实基础；2017年海昏侯成为中国十大学术热点，为实施大保护提供了学术支撑；2018年经江西省人民政府同意、江西省文旅厅公布《紫禁城城址与铁河古墓群保护规划》，为保护大遗址描绘了蓝图；2019年经国家文物局审核、南昌市文广新旅局批复《南昌汉代海昏侯国考古遗址公园规划》，为建设大景区绘就了路线图；2020年遗址博物馆建成开放，为历史文化名城南昌树立了文化地标；2021年南昌汉代海昏侯国考古遗址公园跻身国家AAAA景区，擦亮了江西文化旅游金名片；2022年遗址公园列入国家考古遗址公园建设名单，推开了大汉文明展示新窗口；2023年刘贺墓园保护展示全面建成开放，获评全国考古遗址保护展示十佳案例，提供了国家大遗址保护展示江西样本；2024年遗址博物馆入选国家一级博物馆，特色博物馆高质量发展再出发……

实现三个"一流"目标，需要严谨系统的学术支撑。八年来，本人坚持学用结合，边学边干，在工作中思考，在学习中精进，带领遗址博物馆专业人员以课题为抓手，不断深化海昏文物保护、研究阐释。本研究先后获2021年度国家社会科学基金一般项目"海昏侯刘贺墓出土漆器整理与研究"（批准号：21BKG043）、2022年度江西省社会科学规划"十四五"基金重点项目"海昏侯刘贺墓出土青铜器整理与研究"（批准号：22WT62）、22年度江西省社会科学规划"十四五"基金一般项目"海昏侯刘贺墓出土玉器整理与研究"（批准号：23WT86）资助，为漆器研究、玉器研究项目的阶段性工作成果，青铜器研究项目的最终成果。《吉金海昏》与笔者前期编

# 后　记

著的《金色海昏》《刘贺藏珍》《海昏藏美》《南昌汉代海昏侯国遗址博物馆》《走近海昏》以及下一步将要出版的《美玉海昏》《丹漆海昏》等一起，丰富海昏文化图书体系。

在本研究实施过程中，江西省社会科学规划办公室、江西省文化和旅游厅领导为课题立项、经费保障给予了大力支持；江西省汉文化研究中心举办了多次全国性学术研讨会，各基地同仁以江西汉文化课题为依托协同攻关，深挖文物内涵，推出了一批研究成果，从不同层面、不同视角深化了恢宏灿烂的大汉文明的认知，为本研究顺利展开提供了坚实基础；国家博物馆、故宫博物院、北京大学文博学院、中国社会科学院考古研究所、江西省文物考古研究院等单位同行在考古发掘、文物保护方面扎实工作，组织修复了一批残损、变形的青铜器，为出土青铜器分型研究提供了宝贵资料。在本书编写过程中，各课题组成员、本馆同事在收集资料、观摩出土文物标本等方面全力配合，文物出版社张冰、江西省博物馆赵可明等为本书拍摄了图片；江西人民出版社领导对本书高度重视，把本书列入该社策划的《海昏文化丛书》，责任编辑王醴颉、郭锐做了大量细致的编校工作。在本书付梓之际，我向所有支持、关心该书编辑出版的领导、同仁、同事表示衷心感谢！

岁次甲辰春日于南昌
彭明瀚

图书在版编目（CIP）数据

吉金海昏：刘贺墓园出土青铜器 / 彭明瀚著. --
南昌：江西人民出版社，2024. 8. --（海昏文化丛书）.
ISBN 978-7-210-15661-1

Ⅰ. K876.414

中国国家版本馆CIP数据核字第20248G8F61号

## 吉金海昏：刘贺墓园出土青铜器
JIJIN HAIHUN: LIU HE MUYUAN CHUTU QINGTONGQI

彭明瀚　著

出 品 人：梁　菁
项目统筹：黄心刚
策划编辑：王醴頡
责任编辑：王醴頡　郭　锐
发行总监：王　翱
责任印制：潘　璐
书籍设计：北京德文彩艺视觉设计有限公司

江西人民出版社　出版发行
Jiangxi People's Publishing House
全国百佳出版社

地　　　址：江西省南昌市三经路 47 号附 1 号（邮编：330006）
网　　　址：www.jxpph.com
电子信箱：jxpph@tom.com
编辑部电话：0791-86893801
发行部电话：0791-86898815
承　印　厂：湖北金港彩印有限公司
经　　　销：各地新华书店

开　　　本：787 毫米 ×1092 毫米　1/16
印　　　张：18
字　　　数：298 千字
版　　　次：2024 年 8 月第 1 版
印　　　次：2024 年 8 月第 1 次印刷
书　　　号：ISBN 978-7-210-15661-1
定　　　价：138.00 元
赣版权登字 -01-2024-335

**版权所有　侵权必究**

赣人版图书凡属印刷、装订错误，请随时与江西人民出版社联系调换。
服务电话：0791-86898820